MARCO POLO

Reisen mit **Insider Tipps**

BALI

LOMBOK, GILIS

MARCO POLO Autorin
Christina Schott

Als die Autorin 1998 zum ersten Mal durch Bali reiste, dauerte die Reise von Padang Bai auf die Gilis 14 Stunden. 2002 zog die Mitbegründerin von weltreporter.net als freie Korrespondentin nach Indonesien und ist immer noch fasziniert von der kulturellen Vielfalt und überwältigenden Natur der Inselwelt. Für dieselbe Tour auf die Gilis benötigte sie 2012 übrigens nur noch anderthalb Stunden.

www.marcopolo.de/bali-lombok-gilis

← UMSCHLAG VORN:
DIE WICHTIGSTEN HIGHLIGHTS

Die besten Insider-Tipps → S. 4
INSIDER TIPP

Best of ... → S. 6

Bali → S. 32

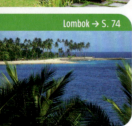
Lombok → S. 74

4	**DIE BESTEN INSIDER-TIPPS**
6	**BEST OF ...** ● TOLLE ORTE ZUM NULLTARIF S. 6 ● TYPISCH BALI/LOMBOK/GILIS S. 7 ● SCHÖN, AUCH WENN ES REGNET S. 8 ● ENTSPANNT ZURÜCKLEHNEN S. 9
10	**AUFTAKT**
16	**IM TREND**
18	**STICHWORTE**
24	**ESSEN & TRINKEN**
28	**EINKAUFEN**
30	**DIE PERFEKTE ROUTE**
32	**BALI** AMED, BUKIT- HALBINSEL, CANDIDASA, DENPASAR, KUTA/LEGIAN, LOVINA, NUSA LEMBONGAN, PADANG BAI, PEMUTERAN, SANUR, SEMINYAK, UBUD
74	**LOMBOK** KUTA, MATARAM, SEKOTONG, SENARU, SENGGIGI

SYMBOLE

INSIDER TIPP Insider-Tipp
★ Highlight
●●●● Best of ...
☼ Schöne Aussicht
🌱 Grün & fair: für ökologische oder faire Aspekte
(*) Kostenpflichtige Telefonnummer

PREISKATEGORIEN HOTELS

€€€ über 120 Euro
€€ 50–120 Euro
€ unter 50 Euro

Die Preise gelten für ein Doppelzimmer inklusive Frühstück

PREISKATEGORIEN RESTAURANTS

€€€ über 11 Euro
€€ 5–11 Euro
€ unter 5 Euro

Die Preise gelten für ein Abendessen mit Vorspeise und Hauptgericht

INHALT

GILIS 90
GILI AIR, GILI MENO, GILI TRAWANGAN

Gilis → S. 90

AUSFLÜGE & TOUREN 98

SPORT & AKTIVITÄTEN 104

Ausflüge & Touren → S. 98

MIT KINDERN UNTERWEGS 108

EVENTS, FESTE & MEHR 110

ICH WAR SCHON DA! 112

LINKS, BLOGS, APPS & MORE 114

PRAKTISCHE HINWEISE 116

SPRACHFÜHRER 122

Sport & Aktivitäten → S. 104

REISEATLAS 126

REGISTER & IMPRESSUM 142

BLOSS NICHT! 144

Reiseatlas → S. 126

GUT ZU WISSEN
Geschichtstabelle → S. 12
Spezialitäten → S. 26
Bücher & Filme → S. 57
Vulkane → S. 69
Was kostet wie viel? → S. 117
Währungsrechner → S. 119
Wetter in Denpasar → S. 120
Indonesisch: Aussprache
→ S. 122

KARTEN IM BAND
(128 A1) Seitenzahlen
und Koordinaten verweisen
auf den Reiseatlas
(0) Ort/Adresse liegt außerhalb des Kartenausschnitts
Es sind auch die Objekte mit
Koordinaten versehen, die
nicht im Reiseatlas stehen
(U A1) Koordinaten für die
Karte von Kuta im hinteren
Umschlag

**UMSCHLAG HINTEN:
FALTKARTE ZUM
HERAUSNEHMEN →**

FALTKARTE
(📙 A–B 2–3) verweist auf
die herausnehmbare Faltkarte
(📙 a–b 2–3) verweist auf
die Zusatzkarten auf der Faltkarte

2 | 3

Die besten MARCO POLO Insider-Tipps

Von allen Insider-Tipps finden Sie hier die 15 besten

INSIDER TIPP Literatur im Herzen Balis
Klein, aber fein: Das Ubud Writers & Readers Festival ist eines der stimmungsvollsten und persönlichsten Literaturfestivals der Welt → S. 111

INSIDER TIPP Cocktails auf den Felsen
360-Grad-Panorama 14 m über dem Meer: Die Rock Bar des Ayana-Resorts gilt unter Bali-Kennern auch wegen Design und Musik als eine der besten der Insel → S. 38

INSIDER TIPP Dorfidylle in Balis Hochland
Frische Bergluft, üppige Natur und viel Ruhe können Sie in den Puri Lumbung Cottages im kleinen Dorf Munduk am Tamblingan-See genießen → S. 51

INSIDER TIPP Privatvilla im Fischerdorf
Ein Ferienhaus im traditionellen Java-Stil direkt am Strand von Amed: In The Kampung können Sie ausspannen und dabei die bunten Auslegerboote der Fischer beobachten → S. 36

INSIDER TIPP Urwald und Mangroven
Der Dschungel des Nationalparks und Balis bestes Tauchrevier liegen direkt vor der Tür des Lifestyle-Resorts The Menjangan → S. 56

INSIDER TIPP In Nostalgie schwelgen
Die Tee-Lounge Biku in Seminyak serviert traditionellen Nachmittagstee im kolonialen Stil – klassisch englisch oder mit köstlichen Leckereien aus ganz Asien → S. 62

INSIDER TIPP Fernöstlicher Wellnesstempel
Lassen Sie sich in Seminyaks Private Spa Wellness Center verwöhnen: mit asiatischen Massagen, dazu ein Aufenthalt im Biothermalpool oder im orientalisch ausgeschmücktem Kräuterdampfbad → S. 63

INSIDER TIPP Meditation und Lifestyle
Nicht nur für Yogis: Während des Bali Spirit Festival gibt es in Ubud außer Yoga und Meditation auch an jeder Ecke Tanz und Musik aus aller Welt → S. 66

INSIDER TIPP **Traumstrand zwischen Klippen**
Übernachten in Selong Belanak: Sonnenauf- und -untergang tauchen das Klippenpanorama in ein bezauberndes Licht → S. 78

INSIDER TIPP **Sonnenuntergang unter Palmen**
Echtes Inselgefühl am Strand des ursprünglichen Resorts Exile: Hier gibt's Trawangans besten Blick auf den Sonnenuntergang → S. 97

INSIDER TIPP **Chillen am Korallenriff**
Direkt vom Strand aus schnorcheln und anschließend leckere Cocktails und Tapas kosten, können Sie in der Adeng-Adeng Beach Bar auf Gili Meno (Foto li.) → S. 94

INSIDER TIPP **Abenteuer unter Wasser**
Erkunden Sie mit mit den deutschsprachigen Tauchlehrern von Divezone die spektakuläre Unterwasserwelt vor Lomboks wenig besuchter Halbinsel Sekotong → S. 83

INSIDER TIPP **Zwischen Vulkan und Meer**
In der unberührten Natur können gestresste Europäer Erholung finden und auftanken: Der Rinjani Mountain Garden bietet Bergidylle, ein Naturschwimmbecken und einen phantastischen Panoramablick, der vom Vulkan Rinjani bis zum Pazifischen Ozean reicht → S. 84

INSIDER TIPP **Mit dem Rad durchs Reisfeld**
Authentisches Dorfleben, sattgrüne Reisfelder, Urwald und Plantagen voller exotischer Früchte können Sie auf den ursprünglichen, aber für Alltagsradler machbaren Touren von Mountain Bike Lombok erleben → S. 105

INSIDER TIPP **Tanzen und Musizieren wie die Balinesen**
Im Studio des Mekar Bhuana Conservatory in Denpasar gibt es professionelle Gamelan- und Tanzkurse für Kinder und für Erwachsene (Foto u.) → S. 109

BEST OF ...

TOLLE ORTE ZUM NULLTARIF
Neues entdecken und den Geldbeutel schonen

SPAREN

- ### *Gratis-Cocktails im Nachtclub*
  Einige Nachtclubs im Süden Balis schenken zu bestimmten Uhrzeiten Cocktails umsonst aus: In der *Sky Garden Lounge* gibt es z. B. ab 23 Uhr eine Stunde lang kostenlose Cocktails und Häppchen → S. 47

- ### *Freie Kunst in Galerien*
  Keine Lust auf Museum? Ohne Eintritt zu bezahlen, können Sie bei einem Streifzug durch *Ubuds Galerien* balinesische Malerei und Bildhauerkunst bewundern – dazu gibt es oft noch einen Kaffee → S. 67

- ### *Schildkröten am Strand*
  Schildkrötenstationen wie die auf Gili Trawangan sind für jeden offen zugänglich und informieren gern über ihr Rettungsprogramm der vom Aussterben bedrohten Meeresbewohner → S. 95

- ### *Kein Tempelbesuch ohne Sarong*
  Tragen Sie Ihr eigenes Wickeltuch *(sarong)*, das Sie günstig auf dem Markt oder im Souvenishop erstehen, wenn Sie *einen Tempel besuchen*. So sparen Sie die Leihgebühr für Schärpe und Wickelrock → S. 71

- ### *Handwerksdörfer der Sasak*
  In Banyumulek und Sukarara können Sie in die *Werkstätten der Töpfer und Weber* gehen und den Handwerkern bei der Arbeit zusehen. Ob Sie dann etwas im Laden kaufen, bleibt Ihnen überlassen → S. 89

- ### *Tanz im Museum*
  Jeden Samstag um 16 Uhr üben Kindertanzgruppen aus verschiedenen Dörfern im Innenhof des *Bali Museums* in Denpasar – und Sie können ihnen zusehen → S. 43

- ### *Aufführungen beim Tempelfest*
  Gamelan, Tanz und Schattenspiel gehören zu jedem Tempelgeburtstag. Anstatt Tickets für eine Touristenvorführung zu kaufen, erkundigen Sie sich einfach, wo das nächste *Odalan-Fest* stattfindet (Foto) – Touristen sind willkommen, wenn sie sich gebührend verhalten → S. 110

●●●● Diese Punkte zeichnen in den folgenden Kapiteln die Best-of-Hinweise aus

TYPISCH BALI/LOMBOK/GILIS
Das erleben Sie nur hier

● *Weltkulturerbe auf dem Reisfeld*
Demokratische und egalitäre Grundregeln sowie der Einklang der spirituellen Welt mit Mensch und Natur prägen das Subaksystem – das Bewässerungskonzept von Balis Reisterrassen. Anschaulich erklärt wird das Weltkulturerbe im *Subak-Museum* von Tabanan → S. 101

● *Riesenechsen und Zwerghirsche*
Zwischen Bali und Lombok verläuft die Trennlinie des asiatischen und austronesischen Urkontinents, Flora und Fauna der beiden Erdteile haben sich hier gemischt. Besonders gut können Sie die einzigartige Tier- und Pflanzenwelt im *Rinjani-Nationalpark* erleben (Foto) – auch auf einfachen Tagestouren, Sie müssen nicht gleich den Gipfel besteigen! → S. 85

● *Farbenfrohe Prozessionen*
Knallbunt gekleidete Frauen balancieren Früchtepyramiden auf den Köpfen, die Männer schlagen schwere Gongs: Auf Bali weiß man nie, wann man in eine Prozession gerät. Am beeindruckendsten sind die Paraden zum *Galungan-Fest* → S. 110

● *Zwischen Vulkanen und Korallenriffen*
Das erleben Sie nur auf den Gilis – am besten auf dem kleinen Hügel auf *Gili Trawangan*: Zum Sonnenaufgang erhebt sich im Osten der Gunung Rinjani, zum Sonnenuntergang demonstriert der Gunung Agung im Westen seine Größe. Und in der Zwischenzeit können Sie die fantastischen Unterwassergebirge der Koralleninseln erkunden → S. 95

● *Scharfes Federvieh*
So wie es die Einheimischen lieben: Gebratenes Chili-Hühnchen ganz ohne Schnickschnack serviert das einfache, aber bei Indonesiern sehr populäre Restaurant *Lesehan Taliwang Irama* in Mataram → S. 80

● *Schlacht der Reispäckchen*
Beim *Perang Topat,* der immer zum Beginn der Regenzeit im Pura Lingsar stattfindet, bewerfen sich Hindus und muslimische Sasak mit in Palmblätter gewickeltem Reis. Der sogenannte Reispäckchenkrieg ist ein großes Fest für alle Beteiligten, egal welcher Religion sie angehören → S. 81, 111

BEST OF ...

SCHÖN, AUCH WENN ES REGNET
Aktivitäten, die Laune machen

REGEN

● *Südseekunst in Nusa Dua*
Tauchen Sie in die beeindruckende Sammlung südostasiatischer und pazifischer Kunst des *Museum Pasifika* in Nusa Dua ein, die in moderner balinesischer Architektur präsentiert wird → S. 37

● *Balinesische Weinprobe*
Auch auf der Insel der Götter gibt es Weinberge – den daraus gekelterten Tropfen können Sie bei täglichen Weinproben bei *Cellardoor* in Kuta verkosten → S. 45

● *Lust auf großes Kino*
Anstatt bei Regenwetter im Hotelzimmer schlecht kopierte Piraten-DVDs vom Straßenstand anzusehen, lassen Sie sich in die Sessel des *Beachwalk XXI Premiere* sinken und schauen sich die neuesten Hollywood- und Bollywood-Filme oder indonesische Streifen auf der Großleinwand an → S. 47

● *Einkaufszug durch die Mall*
Die moderne *Discovery Shopping Mall* in Kuta bietet nicht nur Cafés und Outlets globaler Mode- und Kosmetikfirmen, sondern auch Boutiquen balinesischer Designer und hochwertiges Kunsthandwerk aus der Region → S. 45

● *Exotische Künste*
Wie die Balinesen tanzen oder Gamelan spielen, Schnitzen, Batik oder Opfergaben (Foto) herstellen – all dies können Sie bei den kulturellen Kursen des *ARMA Museums* in Ubud erlernen → S. 66, 70

● *Provinzielle Bräuche*
Wie die Sasak heiraten oder Dolche herstellen, erfahren Sie im *Museum Nusa Tenggara Barat*: Hier werden Geschichte, Traditionen und Bräuche der Inseln Lombok und Sumbawa erklärt, die die Provinz West-Nusa-Tenggara bilden → S. 80

ENTSPANNT ZURÜCKLEHNEN
Durchatmen, genießen und verwöhnen lassen

● **Gepflegter Sundowner**
Wenn die untergehende Sonne das Meer orangerot färbt, ist die beste Zeit, um im schicken Strandrestaurant des *Mahamaya Boutique Resort* auf Gili Meno einen Cocktail zu bestellen → S. 94

● **Orientalischer Wellnesspalast**
Gönnen Sie sich einen Tag im luxuriösen *Prana Spa* in Seminyak: Ayurvedabehandlungen, balinesischer Kräuterscrub, Reflexologie oder türkisches Dampfbad stehen zur Auswahl → S. 63

● **Ausspannen an der Steilküste**
Weitab aller Touristenrouten an der malerischen Steilküste Ostbalis liegt das ruhige *Seraya Shores Resort:* Vergessen Sie die Zeit in den luftigen Villen, lassen Sie sich im Pool direkt über dem Ozean treiben und genießen Sie die köstlichen Menüs → S. 37

● **Yoga-Ferien ohne Gruppenzwang**
Entspannten Yoga-Urlaub in privater Atmosphäre bietet das kleine Yoga- und Meditationszentrum *White Lotus* in Fußnähe zum Zentrum Ubuds, Flussrauschen und Reisfeldblick inklusive → S. 70

● **Café auf den Klippen**
Hoch über Kuta liegt das Café *Ashtari:* Gemütliche Liegekissen, eine Bücherecke, vegetarische Leckereien und ein wunderbarer Blick über Lomboks Südküste laden ein, hier viele Stunden zu verbringen → S. 77

● **Ruhe im Reisfeld**
In einem Bambuspavillon mitten im Reisfeld die Beine baumeln lassen, am Wasserfall baden oder einfach die Aussicht genießen – all das können Sie in *Tetebatu* im Süden des Rinjani → S. 82

● **Meditieren im Kloster**
In mehreren Stufen zieht sich der Garten des *Brahmavihara Arama* (Foto) den Berg hinauf. Gebetshallen laden zum Meditieren ein, auch Meditationskurse werden angeboten → S. 49

AUFTAKT

ENTDECKEN SIE BALI, LOMBOK UND DIE GILIS!

Bali, Lombok oder Gilis – allein die Namen rufen Bilder von palmengesäumten Sandstränden und Korallenriffen, von Reisterrassen und mächtigen Vulkanen hervor. Surfer, Taucher und Bergsteiger finden hier ihr Paradies, während die Touristenzentren alle Annehmlichkeiten vom edlen Fünf-Sterne-Restaurant bis zum orientalischen Spa bieten.

Wegen seiner einzigartigen Kultur zieht vor allem Bali Reisende aus aller Welt an: Nur an wenigen Flecken der Erde trifft so viel Naturschönheit auf eine solch anmutige Lebensart wie auf der „Insel der Götter". Im Süden der Insel rollt die für Surfer perfekte Brandung an malerische Steilklippen und weiße Sandstrände. Ein mächtiges Gebirge mit tiefen Schluchten und tosenden Wasserfällen erhebt sich in der Mitte der Insel – gekrönt vom 3148 m hohen, aktiven Vulkan Gunung Agung, dem heiligen Berg der Balinesen. Auf den steilen Berghängen erstreckt sich das üppige Grün der Reisterrassen. Im schroffen Norden der Insel ziehen sich schwarze Lavasandstrände entlang der ruhigen Küste, die vorgelagerten Riffe bieten bunte Unterwasserwelten.

Bild: Grasernte auf den Reisterrassen

Feierliche Zeremonie: Menschen bei einer Prozession zum Tempel

> **Bali hat sich bis heute einen ganz eigenen Charme bewahrt**

Die üppige Natur sowie die einzigartige althinduistische Kultur der Insel im Indischen Ozean ziehen seit den 1920er-Jahren Reisende aus dem Westen in ihren Bann. Und tatsächlich hat sich Bali trotz Massentourismus bis heute seinen ganz eigenen Charme bewahrt. Schon am Flughafen werden Besucher vom sanften Klang der Gamelanmusik und dem Duft von Nelkenzigaretten begrüßt. Auf der Fahrt ins Hotel können Sie beobachten, wie überall am Straßenrand Frauen in Wickelröcken kunstvoll geflochtene Bastkörbchen mit Blumen und Reis arrangieren, um den Eingang ihres Hauses vor Dämonen zu schützen, während Motorräder vorbeiknattern.

Auch in den Hotels bringen die Angestellten jeden Morgen als Erstes den Hausgöttern Opfer dar: Mit umgebundener Schärpe und Blumen im Haar tragen sie Tabletts mit Früchten und Räucherstäbchen zu Steinaltären, Wegkreuzungen und Hauseingängen. Diese Gaben und ein Gebet sollen die dort wohnenden Götter und Dämonen besänftigen – und somit die Gäste vor Unheil schützen.

Ab 1. Jh. Indische und chinesische Händler bringen buddhistische und hinduistische Einflüsse

1478 Unter dem Islam bricht das hinduistische Majapahit-Reich auf Java zusammen, der Thronfolger flüchtet nach Bali und gründet eine neue Dynastie

16. Jh. Händler aus Sulawesi bringen den Islam nach Lombok

1597 Beginn der Kolonisierung durch die Holländer

17. Jh. Balinesen erobern Lombok

AUFTAKT

Diese Rituale sind keineswegs für Touristen inszeniert, sondern Teil des balinesischen Alltags. Die Prozessionen an

> **Rituale sind Teil des balinesischen Alltags**

Festtagen sind noch weit beeindruckender: Elegant gekleidete Balinesinnen balancieren zu dröhnenden Gongklängen kunstvoll aufgetürmte Gestecke aus Früchten und Blumen auf ihren Köpfen. Um der Zeremonie im Dorftempel beizuwohnen, bindet sich der Surflehrer mit Rastalocken ebenso den traditionellen Kopfschmuck um wie der Bankangestellte aus Balis Hauptstadt Denpasar. In einigen Dörfern leben die Ureinwohner Balis, die Bali Aga, sogar noch nach alten animistischen Vorstellungen.

Bali mit all seinen urtümlichen Riten ist nicht nur die letzte hinduistische Provinz Indonesiens, des Lands mit der größten islamischen Bevölkerungszahl der Welt, sondern auch die weltoffenste Insel des riesigen Archipels. Fast jeder Balinese spricht etwas Englisch, und Touristen sind bei den meisten Zeremonien willkommen. Das hat gute Gründe: Nicht zuletzt wegen des Tourismus, von dem fast 80 Prozent der knapp 4 Mio. Balinesen leben, konnte sich die hinduistische Kultur so gut erhalten. Tänze, Musik und Kunsthandwerk dienen nicht mehr nur religiösen Zwecken, sondern auch dem Gelderwerb. Seit den 1960er-Jahren hat die Regierung diese Einkommensquelle systematisch gefördert: Damals eroberten die Hippies mit Surfbrettern und Lagerfeuern Balis Strände.

Die ersten Fremden, die hier landeten, waren Holländer. Mitte des 19. Jhs. gingen sie zur Eroberung über, doch die Balinesen leisteten ihnen erbitterten Widerstand: Einige der ungleichen Schlachten endeten mit dem rituellen Selbstmord ganzer Königshöfe,

1846/94 Beginn der holländischen Besetzung von Bali und Lombok

1906/08 *Puputan* (ritueller Massenselbstmord) balinesischer Fürstenhöfe, um nicht kolonisiert zu werden

1942–45 Japan besetzt Indonesien

17. Aug. 1945 Unabhängigkeitserklärung Indonesiens

1945–48 Unabhängigkeitskrieg gegen die Holländer

1955 Erste freie Wahlen, Sukarno wird Präsident

> **Die Balinesen widersetzten sich erbittert den Holländern**

die sich nicht unterwerfen wollten. Die holländischen Kolonialherren wurden im Zweiten Weltkrieg von den Japanern vertrieben. 1949 schloss sich Bali der Republik Indonesien an, Lombok folgte ein Jahr später.

Der erste indonesische Präsident Sukarno stand vor der schwierigen Aufgabe, die mehr als 17 000 Inseln des indonesischen Archipels mit verschiedenen Sprachen, Religionen und Kulturen zu einem demokratischen Staat zu formen. Der Versuch endete, als 1965 das Militär unter General Suharto die Macht übernahm, nachdem es einen angeblichen Putsch der kommunistischen Partei verhindert hatte. Als es 1998 zu Protesten kam, musste Suharto zurücktreten. Mehrere Regierungschefs haben sich seither bemüht, den Demokratisierungsprozess im größten Land Südostasiens voranzutreiben, das nach wie vor von Korruption geplagt ist.

Aufgrund ihrer kulturellen Sonderstellung fühlen sich die Balinesen oft nicht von der nationalen Politik berührt. Als jedoch 2002 und 2005 islamistische Selbstmordattentäter Bomben vor Nachtclubs und Touristenlokalen zündeten, war die ganze Nation geschockt. Nach dem ersten Schrecken taten die Balinesen alles, um das Vertrauen ihrer Gäste wiederzugewinnen. Die Sicherheitsmaßnahmen wurden vervielfacht, die Veranstalter reagierten mit neuen Angeboten: Ökotourismus für umweltbewusste Individualreisende sowie Luxusurlaub in abgeschiedenen Villenanlagen. Dadurch entstand in den vergangenen Jahren eine neue Szene, und Bali wurde zu einem Zentrum für Spas, Meditation und Yoga. Besonders in Ubud und Seminyak boomt der Markt für Biolebensmittel, Wellnessangebote und Yoga-Retreats.

Auf der muslimisch geprägten Nachbarinsel Lombok kommen diese Strömungen verzögert an. Das Eiland im Osten Balis wurde erst in den 1980er-Jahren für den Tourismus entdeckt und besitzt nur an der Westküste eine gute touristische Infrastruktur. Seit 2011 ein neuer internationaler Flughafen eröffnet wurde, kündigen allerdings immer mehr Investoren Bauvorhaben an der Südküste an und die Zahl der Hotels, Restaurants und Touranbieter nimmt rasant zu. Noch sind aber vor allem die drei nordwestlich vorgelagerten Gilis die Hauptattraktion: Hier tummeln sich Strandurlauber und Taucher aus aller Welt. Ob Familienurlaub auf Gili Air, Robinsonade auf

1965 Das Militär verhindert einen angeblichen Putsch, Massaker an rund 1 Mio. Kommunisten

1966 General Suharto übernimmt die Regierung; Promotion Balis für internationalen Tourismus

1998 Nach schweren Unruhen tritt Suharto zurück; Wirtschaftskrise

2002 und 2005 Bei Bombenanschlägen in Kuta und Jimbaran sterben 228 Menschen

2011 Eröffnung des internationalen Flughafens auf Lombok

AUFTAKT

In Indonesien werden die Felder oft noch mit dem Ochsenpflug bestellt

Gili Meno oder Partytrip auf Gili Trawangan – auf den einst unbewohnten Koralleninseln ist alles möglich. Zahlreiche Schnellboote bringen die Gäste direkt von Bali auf die autofreien Inselchen, die rundum von weißen Sandstränden umgeben sind und eine faszinierende Unterwasserwelt bieten. Noch weitestgehend unerschlossen, aber mindestens so reizvoll sind die kleineren Gili-Inseln an der Nordküste der Halbinsel Sekotong im Südwesten Lomboks.

Auf Lombok selbst lebt der Großteil der Bevölkerung noch von Landwirtschaft und Fischerei. Und genau das macht auch den Charme der Insel aus: Sie ist ursprünglicher, natürlicher, abenteuerlicher als die Schwesterinsel Bali. Wer gern auf Entdeckungstour geht, ist hier richtig. Es gibt nur wenige alte Kulturstätten – die meisten stammen aus der Zeit der balinesischen Besetzung im 18. und 19. Jh. –, dafür einsame Strände und üppige Korallenriffe. Im Norden erhebt sich das atemberaubende Bergmassiv des Rinjani, das mehr als die Hälfte der Insel bedeckt. Der schwierige, mehrtägige Aufstieg zum Gipfel des zweithöchsten Vulkans Indonesiens (3726 m) wird mit einem unvergleichlichen Panorama belohnt.

> **Einsame Strände und üppige Korallenriffe**

Im trockenen Süden und Osten der Insel werden die Straßen holperig und Hotels rar. Hier führen die Sasak, Lomboks Ureinwohner, ein karges und sehr traditionelles Leben. Die Eröffnung des internationalen Flughafens nur wenige Kilometer von Kuta entfernt lässt sie auf eine stärkere Entwicklung des Tourismus in ihrer Region hoffen. Bis dahin jedoch genießen vor allem Rucksackreisende, Surfer und Taucher die Einsamkeit der malerischen Buchten und weißen Traumstrände – und hoffen darauf, dass es noch eine Weile so bleibt.

IM TREND

1 Auf Trampelpfaden

Trekking Echte Einblicke in die Natur und Kultur Balis bieten die Touren von *JED (Jl. Kayu Jati 9 y, Seminyak, www.jed.or.id)*. Die NGO engagiert Locals, die Besuchern „ihre" Insel zeigen. Dadurch werden Traditionen und gewachsene Strukturen geschützt. Wer sich Trekkingguide Pica *(www.zukunft-fuer-kinder.ch)* für eine Inseltour anschließt, erhält nicht nur einen Insiderblick, sondern unterstützt auch benachteiligte Balinesen. Viele Tourguides sind ehemalige Bettler.

2 Fashionable

Mode Mehr und mehr Designer aus dem Inselreich machen auch international Furore. So wie Lelya Wati *(www.lelya.com)*, die mit ihren luxuriösen Handtaschen auch auf New Yorks Straßen zu finden ist. Oka Diputras *(okadiputra.net, Foto)* drapierte und geknotete Designs sorgen ebenfalls weltweit für verdrehte Köpfe. Seine Kleider gibt es in der *Istana Kuta Galeria (Jl. Patih Jelantik)*. Perfekt für die Party sind die verrückten Kreationen von *Shaman Electro (Jl. Raya Seminyak, www.shaman-electro.com)*.

3 Hocherhoben

Aktiv Stand-up-Paddeln erobert von Hawaii aus die ganze Welt. Kein Wunder, denn auf dem Brett stehend, wird man spielend fit, nicht allzu nass, und einen guten Ausblick hat man in der Regel auch. Und vor allem hat man den Trendsport im Handumdrehen raus. Den sportlichen Spaß lernen Sie bei *Bali Stand-up-Paddle (Jl. Cemara 72, Sanur, www.bali-standuppaddle.org, Foto)* in ein paar Stunden. Anfänger starten im ruhigen Wasser, Profis wagen sich in die Wellen. Auch bei *Kima Surf (Jl. Camplung Tanduk 8, Seminyak, www.kimasurf.de)* gibt es Brett und Paddel zum Leihen sowie Kurse.

Auf Bali gibt es viel Neues zu entdecken. Das Spannendste auf dieser Seite

Hingucker

Architektur Viele Bauwerke fügen sich fast unbemerkt in die sanfte Landschaft Balis ein. Doch es gibt auch echte Hingucker. So wie das luxuriöse *Anantara Seminyak Resort & Spa (Jl. Pemutih, Labuan Sait, Uluwatu, Foto)*. Ins Restaurant *Wild Rose* sollten Sie nicht nur wegen der fabelhaften Küche gehen, sondern auch wegen der spektakulären Terrasse. Übernachtungsgäste kommen in den Genuss von raumhohen Fenstern, sanft gepolsterten Liegeflächen und im Boden eingelassenen Terrazzo-Badewannen – auf dem Balkon. Das *The Balé (Jl. Raya Nusa Dua Selatan, Nusa Dua, Bali)* besteht aus 29 Pavillons, die allesamt mit purem Design bestechen. Ebenso wie das hauseigene Restaurant *Faces*, das mit einer offenen Küche und asiatischen Aromen überzeugt. In Singapur kennt sie jedes Kind: Mit dem *Alila Villas Uluwatu Resort (www.alilavillasuluwatu.com)* hat *Woha (www.wohadesigns.com)* nun auch ein ganzheitliches Architekturprojekt auf Bali geschaffen.

Schöner shoppen

Einkaufen Auf Bali gibt es nicht etwa nur Folklore. Italienisch angehauchtes Design verkauft das schicke *Namu (Jl. Petitenget 234 x, Petitenget)*, coole Möbel, aber auch Kleidung verkauft *SKS Bali (Jl. Kayu Aya 40, Seminyak)* und im *Horn Emporium (Jl. Petitenget 100 x, Petitenget, Foto)* gibt es schlichtweg alles, was das Herz begehrt. Was Männer lieben – Motorräder, Surfbretter, Kunst – führt der *Deus Temple (Jl. Batu Mejan 8, Canggu, www.deustemple.com)*. Shopperinnen bevorzugen dagegen meist den Wohnaccessoiresladen der Australierin Samantha Robinson *(Jl. Kayu Jati 2A, Seminyak, samantharobinson.com.au)*.

16 | 17

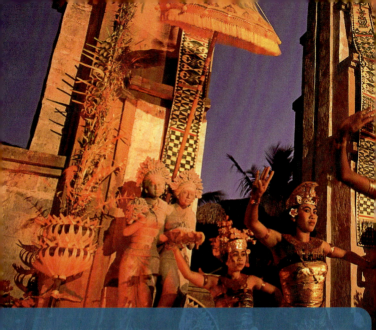

STICHWORTE

DORFLEBEN

Die meisten Balinesen leben in dörflichen Gemeinschaften, in denen jeder bestimmte Pflichten zu erfüllen hat – aber wenn nötig auch Hilfe erhält. Das Zusammenleben bis hin zu sozialrechtlichen Fragen ist durch das traditionelle Gewohnheitsrecht *(adat)* geregelt. Über alle wichtigen Belange entscheidet eine Volksversammlung *(banjar)*, der alle verheirateten Männer angehören. Auch im Aufbau des Dorfs *(desa)* spiegelt sich dieser Gemeinschaftssinn wider: Im Zentrum findet sich ein Platz *(alun-alun)* mit einem großen Banyanbaum, der als heilig gilt. Darum herum gruppieren sich die Versammlungshalle und der Dorftempel, oft auch ein Musikpavillon und eine Hahnenkampfarena. Den Mittelpunkt des Alltagslebens bildet der Markt *(pasar)*. Die gewählten Anführer dieser traditionellen Dorfgemeinschaften haben auch auf Provinzebene großen Einfluss.

DRACHEN

Wenn die Balinesen Drachen steigen lassen, dann hat das wie fast alles eine spirituelle Bedeutung: Angeblich vergnügte der Gott Indra sich einst mit diesem Spiel. Das halbe Dorf ist in den Bau der bis zu acht Meter langen Drachen mit bis zu zwölf Meter langen Schwänzen involviert. Beim jährlichen Drachenfestival in Sanur (Juli/August) treten rund 1500 Dörfer gegeneinander an. Begleitet von einem Priester und Gamelanmusik ziehen bis zu ein Dutzend Männer ein Kunstwerk in die Luft.

Bild: Balinesischer Tanz

Das Leben auf Bali, Lombok und den Gilis wird von Religionen, alten Traditionen und natürlichen Einflüssen bestimmt

FEUERBESTATTUNG

Die Balinesen glauben, dass die Seele erst nach der Zerstörung ihrer körperlichen Hülle frei ist. Für die aufwendige Feuerbestattung werden riesige Verbrennungstürme in Tiergestalt (z. B. Stier, Drache) gebaut. Da die Bestattung viel Geld kostet, bleiben viele Tote zunächst jahrelang begraben und spuken angeblich auf dem Friedhof, bis ihre Familie das nötige Geld gespart hat, um die teure Zeremonie bezahlen zu können. Ärmere Familien tun sich oft zu Massenbestattungen zusammen. Die prächtigen Prozessionen und spektakulären Verbrennungen gelten als Touristenattraktion.

GAMELAN

Ein Gamelanorchester besteht aus mindestens 30 Musikern und mehr als 70 Instrumenten: vor allem Gongs, Klangstäben und Metallofonen, begleitet von Flöten oder Saiteninstrumenten. Es gibt weder eine Melodie noch Solo-Auftritte, die Musik dient als Untermalung von Tänzen oder Schattenspiel.

Wegen der ungewohnten Tonalität und dem häufig wechselnden Rhythmus für westliche Ohren anfangs gewöhnungsbedürftig.

HAHNENKAMPF

Seit 1982 sind Hahnenkämpfe nur noch zu „rituellen Zwecken" erlaubt, was die Balinesen nicht daran hindert, illegale Wettkämpfe abzuhalten. Die Hähne werden einzeln in glockenförmigen Körben gehalten und von ihren Besitzern sorgfältig gepflegt und trainiert. Zum Kampf, der meist nur wenige Sekunden dauert, bekommen sie eine scharfe Klinge an den Fuß gebunden. Das blutige Spektakel dauert meist nur wenige Sekunden. In vorhinduistischer Zeit sollte dieses Ritual böse Dämonen besänftigen.

HINDUISMUS

Bevor die Javaner den Hinduismus auf ihre Insel brachten, praktizierten die Balinesen animistische Geisterkulte und glaubten an eine beseelte Natur. Elemente davon finden sich noch heute im balinesischen Hindu-Dharma-Glauben. Demnach wohnen die Götter auf den Bergen, während im Meer die Dämonen hausen. Nicht nur in Tempeln, sondern überall auf der Straße und in Häusern bringen die Balinesen Göttern wie Dämonen mehrmals täglich Opfergaben dar. Die oberste Gottheit der balinesischen Hindus ist Sanghyang Widhi, in der die drei Hauptgötter Brahma, Wishnu und Shiva gemeinsam verkörpert sind. Flüsse, Wälder und andere Orte werden von zahlreichen kleineren Gottheiten und Dämonen bevölkert.

ISLAM

Fast 90 Prozent aller Indonesier gehören dem Islam an. Während auf Bali nur zehn Prozent Moslems leben, sind auf Lombok und den Gilis 95 Prozent der Bevölkerung muslimisch. Wie in vielen Teilen des Lands mischt sich der Islam in West- und Zentrallombok mit lokalen Traditionen. Ein Schluck Palmschnaps gilt hier nicht als Sünde. Im streng islamischen Osten der Insel dagegen ist

Für westliche Ohren ungewohnt: Gamelanmusik, die die Götter unterhalten soll

selbst der Biergenuss verboten. Viele Sasak in Lomboks Norden hängen dem *Wetu-Telu*-Glauben („Drei Elemente") an, in dem sich der Islam mit animistischen und hinduistischen Elementen mischt. Wetu-Telu-Anhänger beten nur dreimal täglich und fasten lediglich drei Tage. Wegen Verfolgungen in der Vergangenheit bekennen sich nur wenige offen zu ihrem Glauben.

KASTENSYSTEM

Das Kastensystem ist für Balinesen immer noch wichtig. Erkennbar ist dies an den Namen: *Ida Bagus* und *Ida Ayu* heißen die am höchsten stehenden Brahmanen (Priester), *Tjokorda* oder *Anak Agung* die Ksatria (Krieger und Adlige). Angehörige der Wesya-Kaste (Händler) nennen sich *Gusti*. 90 Prozent der Balinesen gehören zu den *Sudra* (Bauern). Diese „nummerieren" ihre Kinder: Das Erstgeborene heißt Wayan oder Putu, das zweite Kind Made oder Kadek, das dritte Nyoman oder Komang und das vierte Ketut. Beim fünften Kind wird die Zählung von vorn begonnen. Zur Unterscheidung steht bei Männern *I*, bei Frauen *Ni* vor dem Namen.

KRETEK

Wer nach Indonesien reist, wird schon am Flughafen vom süßlichen Geruch der *kretek*-Zigaretten begrüßt. 1880 mischte der Javaner Haji Jamahri Gewürznelken mit Tabak, um sein Asthma zu lindern: Nelken gelten als Hausmittel gegen Schmerzen. Daraus entstand eine der größten Industrien Indonesiens. 95 Prozent des weltweiten Angebots an Gewürznelken wird für die Herstellung von *kretek* verwendet.

KUTA-COWBOYS

Sonnenverbrannte Körper, lange Haare und ein charmantes Grinsen sind ihre Markenzeichen: Die Beachboys auf Bali sind allzeit bereit, Touristinnen behilflich zu sein. Dabei lassen sich viele gern als Begleiter auf Zeit aushalten – oft in der Hoffnung auf eine längere Beziehung, die ihnen auch finanzielle Vorteile bringt. Der Dokumentarfilm „Cowboys in Paradise" von 2010 schildert detailliert die Hintergründe dieses indirekten Sextourismus – sehr zum Ärger der balinesischen Offiziellen. Obwohl die meisten Beachboys harmlose Aufschneider sind, sollte frau sich in Acht nehmen.

MALEREI

Vor der Kolonisierung zeigten Gemälde auf Bali ausschließlich hinduistische Mythen. Der sogenannte *Wayang*-Stil kannte keine Perspektive, Farben dienten nur zum Ausfüllen. Im Dorf Kemasan bei Klungkung entstehen bis heute solche Bilder. In den 1920er-Jahren gründeten der Deutsche Walter Spies und der Holländer Rudolf Bonnet mithilfe des Fürsten Cokorda Gede Agung Sukawati in Ubud die Malschule „Pita Maha". Während die Europäer moderne Materialien und Techniken einführten, erlernten sie zugleich die traditionelle Kunst der Balinesen. In den 1960er-Jahren startete der Holländer Arie Smit die „Young Artists"-Malschule in Penestanan bei Ubud. Dort werden Szenen des täglichen Lebens in kontrastreichen Farben festgehalten.

PANCASILA

Das Sanskritwort *pancasila* bedeutet „fünf Prinzipien" und gilt seit der Unabhängigkeitserklärung als Grundlage des indonesischen Staats, dargestellt im Landeswappen über dem Motto „Einheit in Vielfalt": Der Stern steht für den Glauben an einen obersten Gott (egal welcher Religion), die Kette für Humanität. Der Banyanbaum symbolisiert die nationale

Einheit, der Büffelkopf die Demokratie. Reis- und Baumwollpflanzen bedeuten soziale Gerechtigkeit. In der Vergangenheit sorgte vor allem die unterschiedliche Interpretation des Religionsprinzips immer wieder für politische Probleme.

ze, sondern ein Symbol für die Fruchtbarkeitsgöttin Dewi Sri, die in Schreinen auf den Feldern verehrt wird. Die Reisfelder werden mittels eines komplizierten Kanalsystems bewässert, das von der jeweiligen Bauernkooperative *(subak)* streng

Der rituelle Tempeltanz verlangt von den Tänzern äußerste Körperbeherrschung

PUPUTAN

Lieber sterben, als sich zu unterwerfen: In seiner prächtigsten Ausstattung trat der gesamte Hofstaat des Fürsten von Badung der holländischen Armee entgegen, die am 20. September 1906 Denpasar eroberte. Die nur mit Dolchen bewaffneten Männer, Frauen und Kinder liefen direkt in die Gewehrsalven der Eindringlinge. Wer nicht im Kampf starb, brachte sich vor den Augen der entsetzten Eroberer selbst um. Ein ähnlicher *puputan,* wie der rituelle Massenselbstmord heißt, wiederholte sich 1908 am Fürstenhof von Klungkung.

REISANBAU

In ganz Indonesien ist Reis das Hauptnahrungsmittel. Für die Balinesen jedoch ist er nicht einfach nur eine Pflan-

überwacht wird. Dieses demokratische, naturverbundene Anbausystemwurde 2012 von der Unesco als Weltkulturerbe anerkannt. Der Reisanbau ist Männersache, bei der Ernte (dreimal im Jahr) hilft die gesamte Familie. Auf Bali ziehen sich die malerischen Reisterrassen bis auf mehr als 1000 m die fruchtbaren Vulkanhänge hinauf.

TANZ

Auf Bali wird zu fast jedem Anlass getanzt – ob bei Tempelfesten, Familienzeremonien oder einfach zur Unterhaltung. Die meisten Tänze handeln von Figuren der hinduistischen Epen *Ramayana* oder *Mahabharata*. Die prachtvoll geschmückten Tänzer halten immer Kontakt mit der Erde, jedes Fingerspreizen oder Augenrollen hat eine Bedeutung. Für Touristen

STICHWORTE

werden Kurzversionen der berühmtesten Tänze aufgeführt: Der *barong* handelt vom Kampf eines Fabelwesens mit der bösen Hexe Rangda. Der anmutige *legong* wird von Mädchen vor ihrer ersten Menstruation getanzt. Beim *kecak* sitzen rund hundert Männer auf dem Boden und bewegen sich synchron, während sie „Cak-ke-cak-ke-cak" rufen. Die heute populäre *Kecak*-Version hat der deutsche Maler Walter Spies 1933 für den Film „Insel der Dämonen" choreografiert.

TEMPEL

Balinesische Tempel sind ummauerte, nach oben offene Areale, der Himmel gilt als Dach. Den Eingang bildet meist ein gespaltenes Tor, das von steinernen Dämonen bewacht wird. Das Tempelinnere besteht aus drei Höfen, von denen der dritte und heiligste den Bergen zugewandt ist. Hier finden sich die heiligen Schreine mit bis zu elfstufigen Dächern. Jedes Dorf hat drei Tempel: Der *pura puseh* (Ursprungstempel) ist dem Schöpfergott Brahma geweiht. Der *pura desa* (Dorftempel) steht unter dem Schutz Wishnus, des Bewahrers, und ist Mittelpunkt des gesellschaftlichen Lebens. Am seltensten wird der *pura dalem* (Totentempel) aufgesucht, der Shiva, dem Gott der Zerstörung, geweiht ist. Der wichtigste Tempel auf Bali ist der Pura Besakih auf dem Gunung Agung. Er gehört zu den sechs heiligsten Tempeln, den *sad kahyangan*, auch „Große Staatstempel" oder „Tempel der Welt" genannt, die an bedeutenden Stellen erbaut sind. Außer dem Pura Besakih sind dies Pura Lempuyang Luhur, Pura Goa Lawah, Pura Uluwatu, Pura Batukaru und Pura Pusering Jagat.

WALLACE LINE

Im 19. Jh. entdeckte der britische Naturforscher Sir Alfred Wallace, dass sich Flora und Fauna auf den Inseln östlich von Bali deutlich vom Rest Asiens unterscheiden. Daraus schloss er, dass in der Meeresstraße zwischen Bali und Lombok ehemals die Trennlinie zwischen dem asiatischen und dem australischen Urkontinent verlief: Während westlich davon Affen, Elefanten und Tiger in tropischen Regenwäldern leben, gibt es im Osten vor allem Echsen, Beuteltiere und trockene Savannenlandschaften.

WAYANG KULIT

Das Spiel mit den Schattenpuppen kannten die Indonesier schon, bevor der Hinduismus das Inselreich eroberte: Die Schatten sollten mit den Geistern verstorbener Ahnen Kontakt aufnehmen. Ein Puppenspieler *(dalang)* sitzt mit einer Öllampe vor der Leinwand und lässt die kunstvoll aus Büffelhaut gestanzten Figuren an Bambusstäben tanzen. In eingängigem Singsang erzählt er Episoden aus den Epen *Ramayana* und *Mahabharata*. Hinter ihm spielt das Gamelan. Eine Vorstellung kann die ganze Nacht dauern, die Zuschauer kommen und gehen, essen und reden dabei, wie es ihnen gefällt.

WELLNESS

„Asiens Spazentrum" wird Bali häufig genannt – wohl zu Recht: Anzahl und Vielfalt der Wellnessangebote sind kaum zu überbieten. In jedem Hotel und an jeder Straßenecke locken balinesische, javanische oder Shiatsu-Massagen, Aromatherapien, Bodyscrubs oder eine Behandlung mit heißen Steinen. Die Preise variieren dabei von spottbillig bis unbezahlbar. Eine teure Massage garantiert nicht unbedingt beste Qualität, da man oft für das exotische Ambiente oder die Design-Einrichtung eines Spas mitbezahlt. Auf jeden Fall lohnt es aber, sich etwas mehr Komfort als bei einer Billigmassage am Strand zu leisten.

ESSEN & TRINKEN

Scharfe Kokosnusscurrys, zarte Fleischspießchen, knuspriges Geflügel und raffinierte Fischgerichte – die Küche auf Bali und Lombok ist feurig und abwechslungsreich. Dazu gibt es immer Reis, ohne den eine Mahlzeit nicht vollständig wäre: Denn wer keinen Reis gegessen hat, der kann gar nicht satt sein, meinen die Indonesier.

Jeden Morgen kochen die Frauen Reis und mehrere Gerichte für die Familie. Eine gemeinsame Esskultur gibt es im indonesischen Alltag nicht, jeder isst, wenn er Hunger hat. Das Essen ist daher in der Regel lauwarm bis kalt – und wird auch in vielen Restaurants so serviert. Man isst mit der Hand oder mit Löffel und Gabel. Stäbchen gibt es nur bei chinesischen Gerichten wie *mie bakso* (Nudelsuppe mit Fleischklößchen) oder *cap cay* (in Sojasauce gedünstetes Gemüse).

Anders sieht es an Festtagen aus: Bei balinesischen Zeremonien übernehmen die Männer die Zubereitung der rituellen Speisen vom Schlachten der Enten und Schweine bis zum Stampfen der Gewürzpasten. Die Vorbereitungen dauern oft tagelang, das Kochen und Essen wird zum Gemeinschaftserlebnis.

Die Gewürzpasten geben jedem Gericht seine besondere Note. Die verschiedenen Zutaten werden in einem Steintrog zerstampft und meist kurz angebraten. Unentbehrlich sind Ingwer, Kurkuma, Galgant und Koriander. Zitronengras, Limetten, Salamblätter und Tamarinde verleihen der Gewürzmischung Frische, Palmzucker und Kemiri-Nüsse eine ge-

Bild: Sate-Spieße mit Reis

Kurkuma, Kokos, Zitronengras – die Küche auf Bali, Lombok und den Gilis ist vielfältig und vor allem eines: immer frisch

wisse Süße. Garnelenpaste und Chili geben dem Ganzen Schärfe.

Die meisten Restaurants, die in der Regel keinen Ruhetag kennen, haben sich längst dem allgemeinen Touristengeschmack angepasst und servieren neben Pizza, Steak und Sushi vor allem abgemilderte Varianten der indonesischen Nationalgerichte *nasi goreng* (gebratener Reis), *mie goreng* (gebratene Nudeln), *gado-gado* (Gemüsesalat mit Erdnusssauce) oder *soto ayam* (Hühnersuppe mit Zitronengras und Kurkuma).

Dazu gibt es meist *sate* (Fleischspießchen) oder gebratene *tempe* (salziger Hefekuchen aus Sojasprossen), *sambal* (Chilidip) und *krupuk* (Chips aus Krabbenmehl).

Authentischer und oft schmackhafter ist das Essen bei den *kaki lima* (fahrenden Garküchen) oder in den *warungs* (Straßenrestaurants). Im Gegensatz zu regulären Restaurants, die meist nach zehn Uhr abends keine Bestellungen mehr annehmen, sind diese zu jeder Tages- und Nachtzeit zu finden. Hier sollte

SPEZIALITÄTEN

- **ayam goreng** – gebratenes Huhn
- **ayam taliwang** – knusprig gebratene oder gegrillte Stubenküken mit sehr scharfer Chilisauce, aus Lombok
- **babi guling** – mit Gewürzpaste gefülltes Spanferkel, gegrillt am offenen Feuer, balinesisches Festtagsessen
- **balung nangka** – geschmorte Schweinerippen mit gekochter Jackfrucht
- **bebek betutu** – mit Gewürzpaste gefüllte Ente, die stundenlang in Bananenblättern gegart wird, bis sie ganz zart ist, balinesisches Festtagsessen
- **brem** – Schnaps aus Saft der Arenpalme
- **bubuh injin/bubur ketan hitam** – Pudding aus schwarzem Klebreis
- **ceramcam** – klare Suppe mit junger Papaya und Fisch, Huhn oder Schwein
- **gado-gado** – Gemüsesalat mit Ei und Tofu in Erdnusssauce
- **keupat cantok** – in Päckchen aus geflochtenen Palmblättern gegarter Reis, mit Gemüse und Erdnusssauce
- **kue lak-lak** – kleine, runde Reismehlkuchen mit Palmzucker und Kokosraspeln
- **lawar** – Gericht aus Hackfleisch mit Gewürzpaste, Jackfrucht, junger Papaya, langen Bohnen und Kokosnuss
- **lontong** – in Bananenblättern gekochter Reis
- **mie goreng** – gebratene Nudeln, meist mit Ei und Gurke serviert (Foto li.)
- **nasi goreng** – gebratener Reis, meist mit einem Ei, Krupuk und ewas Salat serviert (Foto re.)
- **nasi kuning** – mit Kurkuma in Kokosmilch gekochter gelber Festtagsreis
- **nasi rames** – Reisteller mit verschiedenen Spezialitäten zum Probieren
- **pelecing kangkung** – Wasserspinat mit Sojasprossen und scharfer Chili-Tomaten-Sauce
- **pelecingan** – Huhn oder Fisch in sehr scharfer Chilipaste gebraten oder gedünstet, beliebt in Lombok
- **pepesan ikan** – Fisch mit Gewürzen im Bananenblatt gedämpft
- **sate ayam/babi/kambing** – Grillspießchen aus Huhn, Schwein oder Ziege, mit Erdnuss- oder Sojasauce serviert
- **sate lilit** – gehackter Fisch oder Meeresfrüchte, mit Kokosnuss und Gewürzen vermischt an Bambusspießchen gegrillt
- **tuak** – Wein aus Saft der Arenpalme
- **urap-urap** – Gemüsesalat mit Dressing aus Kokosraspeln, roten Zwiebeln, Knoblauch, Salz und Chili

ESSEN & TRINKEN

man allerdings nur verzehren, was frisch gekocht, gebraten oder gegrillt ist. Auf Gerichte, die schon länger offen herumstehen, sollten Sie verzichten – genauso wie auf unabgekochtes Wasser, Eiswürfel und geschnittenes Obst (in besseren Restaurants kann man sich aber ruhig auch an Eis und Früchte heranwagen). Als Faustregel gilt: In *warungs*, in denen viel los ist, ist auch das Essen gut.

Seit einigen Jahren erkennen jedoch immer mehr *rumah makan* (einfache Lokale) und Restaurantbetreiber den Wert ihrer traditionellen Küche und setzen wieder mehr lokale Spezialitäten auf die Speisekarte. Aufwendige Festtagsessen wie *babi guling* (Spanferkel) oder *bebek betutu* (gedämpfte Ente) werden meist nur nach Vorbestellung angeboten.

Desserts sind eher unüblich. Es gibt aber eine Vielfalt an Kuchen und Puddings aus Kokosnuss oder Klebreis. Ein beliebter Snack sind *pisang goreng* (in Teig gebratene Bananen). Überwältigend ist die Vielzahl der Früchte: Es gibt süße Mangos und Papayas, rothaarige Rambutan, duftende Mangostinos und schlangenhäutige Salak, die riesige Jackfrucht, säuerliche Sirsak und die – nach Meinung der Indonesier – Königin aller Früchte: die stachelige Durian, deren käsiger Geruch manchem Touristen den Magen umdreht.

Dazu gibt es Tee oder Kaffee, der wie Mokka in der Tasse aufgegossen wird. Wer ihn nicht anders bestellt, erhält ihn zuckersüß – und wer Milch ordert, sollte sagen, dass er keine klebrig-süße Dosenmilch *(susu kental)* will. Inzwischen brauen allerdings viele Cafés auch Caffè Latte und Co., während Hotels zum Frühstück meist immer noch Nescafé servieren.

Ein Highlight sind die Obstsäfte: Mit gecrushtem Eis und einem Schuss Milch oder Limettensaft püriert werden Ananas, Melone, Guave und Avocado zum Erlebnis. Bier gibt es fast überall, empfehlenswert ist das nach deutschen und englischen Rezepten auf Bali gebraute

Exotische Früchte werden zu erfrischenden Drinks verarbeitet

Storm Beer. Weinliebhaber müssen etwas tiefer in die Tasche greifen, am günstigsten sind die auf Bali gekelterten *Hatten*-Weine. Im Gegensatz zum muslimischen Lombok gibt es auf Bali ein breites Angebot an stärkeren Geistern – von selbst gebrannten Likören bis zum scharfen *arak* (Reisschnaps). Aber Achtung: Nehmen Sie sich in Acht vor selbst gebrannten Schnäpsen! Wegen gepanschten Alkohols gab es bereits mehrere Fälle von schweren Methanolvergiftungen bei Touristen auf Bali und Lombok.

Sollte bei all dem ungewohnten Essen doch einmal der Magen rebellieren, empfiehlt sich eine *kelapa muda* (junge Kokosnuss): Deren Fruchtwasser ist nicht nur erfrischend, sondern gilt auch als Heilmittel.

Online-Restaurant-Guides für Bali: *www.balieats.com*, *www.bali-resto.com*.

EINKAUFEN

Bali ist ein Einkaufsparadies. Ob modern oder klassisch – Kleidung, Kunsthandwerk und Schmuck gibt es in jeder Preisklasse. Indonesier kommen aus dem ganzen Land zum Kunsthandwerksmarkt von Sukawati, 20 km nördlich von Sanur. Hier wird Nützliches und Dekoratives aus Bali, Lombok und Java angeboten – preiswerter als in den meisten Läden. Lombok ist für Webstoffe und Keramik bekannt. Am günstigsten kaufen Sie an den Herstellungsorten oder auf Märkten, dort müssen Sie allerdings handeln. Als Faustregel gilt: mindestens 50 Prozent vom Ausgangspreis abziehen. Wer größere Einkäufe plant, sollte früh aufstehen: Weil die Verkäufer glauben, dass der Erfolg eines Tags vom ersten Handel abhängt, bieten sie oft einen günstigeren Morgenpreis. Die Läden in Touristenorten haben meist Fixpreise, sind aber teurer. Vorsicht bei Antiquitäten – wenige sind wirklich alt. Wer Möbel oder Skulpturen erwirbt, kann diese von professionellen Unternehmen verschiffen lassen (Minimum ist ein Kubikmeter).

HOLZSCHNITZEREI

Ob mythische Figuren, Masken, stilisiertes Obst oder ganze Türrahmen: Die Balinesen schnitzen beinahe alles – auf Bestellung auch „typische" Souvenirs anderer Länder (z. B. Indianerfiguren). Echte Kunst beweisen die Holzschnitzer im Dorf Mas bei Ubud.

KORBWAREN

Körbe, Schachteln, Taschen und Untersetzer aus Bambus, Palmblättern oder Rattan sind perfekte Mitbringsel: vielfältig zu verwenden und leicht. Die meisten dieser Waren stammen aus Belaka, Loyok und Suranadi auf Lombok.

KRIS

Diese kunstvoll verzierten Dolche sollen spirituelle Kräfte haben. Sie sind wichtige Utensilien bei Tänzen und Zeremonien und bedeutend für den Status eines Mannes, der ihn vom Vater erbt. Edle *kris* gibt es in besseren Antiquitätenläden, billige Versionen im Silberschmiededorf Celuk bei Ubud zu kaufen.

SCHMUCK

Auf Bali gibt es gute Silber- und Goldschmiede. Am bekanntesten ist das Dorf Celuk bei Ubud, das leider von Touristen-

Bunte Stoffe, Schattenpuppen, Korbwaren oder Perlenketten – auf Bali, Lombok und den Gilis können Sie in Souvenirs schwelgen

bussen überrollt wird. Aus Lombok stammen INSIDER TIPP wunderschöne champagnerfarbene Perlen, gezüchtet werden aber auch schwarz schimmernde und rosafarbene Perlen, die aus Tahiti beziehungsweise China eingeführt wurden. Bunte Halbedelsteine stammen dagegen meist aus Kalimantan. Wer gute Qualität will, sollte nicht am Strand, sondern in empfohlenen Läden einkaufen.

STOFFE

Klassische Batikstoffe stammen fast alle aus Java, die Balinesen haben jedoch die Technik adaptiert und kreieren eigene Motive. Gute Qualität zeigt sich am gleich stark ausgeprägten Muster auf beiden Seiten des Stoffs. Typisch für Bali und Lombok sind die *Ikat*-Webstoffe – je nach Muster kann ihre Herstellung Wochen oder Monate dauern. Hier sollte man beim Kauf auf die Farbqualität achten. Eine Besonderheit sind die *Geringsing*-Stoffe aus dem Bali-Aga-Dorf Tenganan, denen magische Kräfte nachgesagt werden: Nur noch einige wenige Frauen können diese äußerst seltenen Stoffe fertigen, deren doppelseitige Muster mithilfe komplizierter Rechnerei entstehen und Tausende von Euros kosten.

TONWAREN

Pejaten auf Bali ist bekannt für seine farbige, üppig dekorierte Keramik. Die meisten Tonwaren stammen jedoch von Lombok: Die Sasak in Banyumulek und Masbagik stellen schlichte, elegante Terrakottaprodukte her.

WAYANG

Schöne Schattenpuppen *(wayang kulit)* sind teuer, sie zeichnen sich durch ihre Stanzmuster im Büffelleder aus. Wirklich alt sind sie nur, wenn sie auch Abnutzungsspuren aufweisen. Dasselbe gilt für die hölzernen Handstabpuppen *(wayang golek),* die meist aus Westjava stammen.

DIE PERFEKTE ROUTE

SHOPPEN, SURFEN, NIGHTLIFE
Der ideale Ort, um auf Bali anzukommen, ist ❶ *Seminyak* → S. 61. Kurieren Sie Ihren Jetlag bei einem Bummel durch die schicken Boutiquen und Cafés und genießen Sie Ihren ersten Sunsetdrink im legendären Beachclub Ku De Ta. Machen Sie am nächsten Tag einen Mopedausflug auf die Bukit-Halbinsel und besichtigen Sie den spektakulär gelegenen Tempel ❷ *Pura Luhur Uluwatu* → S. 38. Eine kleine Straße führt von dort zu den Buchten Suluban und Padang-Padang, wo Sie den besten Surfern der Insel zusehen können. Auf dem Rückweg sollten Sie an ❸ *Kutas* → S. 44 Souvenirmeile halten und später die Nachtclubszene am Double-Six-Strand von Legian testen.

KULTUR UND WELLNESS
Fahren Sie am dritten Tag mit dem Perama-Shuttle-Bus *(www.peramatour.com)* nach ❹ *Ubud* → S. 66, Balis Kultur- und Wellnesszentrum. Ein Spaziergang zur Sari-Organik-Farm, wo Sie inmitten von Reisfeldern köstliche Biogerichte probieren können, führt über einen Rundweg bis zum Ubud Sari Health Resort, das Massagen anbietet. Sehen Sie sich nach dem Besuch des Puri Lukisan (Foto li.) abends einen Tanz an. Mit dem Fahrrad geht es am nächsten Morgen über die heilige Höhle Goa Gajah zur alten Königsstadt ❺ *Pejeng* → S. 73 und weiter nach Tampaksiring zur Grabstätte Gunung Kawi und den heiligen Quellen ❻ *Tirta Empul* → S. 73.

VULKANE UND REISTERRASSEN
Mieten Sie sich tags darauf ein Auto mit Chauffeur, um nach Penelokan zu fahren. Dort haben Sie die beste Aussicht auf den aktiven Vulkan ❼ *Gunung Batur* → S. 72. Für eine Trekkingtour zu dessen Gipfel müssen Sie einen Extratag einplanen. Über Bergstraßen geht es zum ❽ *Pura Besakih* → S. 41, dem heiligsten Tempel der Balinesen hoch oben am Hang des Gunung Agung, und weiter nach Sidemen mit traumhaften Blicken über tiefgrüne Reisterrassen. In ❾ *Klungkung* → S. 54 sollten Sie sich die alte Gerichtshalle Kerta Gosa ansehen, bevor Sie sich eine Übernachtung im edlen Alila-Manggis-Hotel gönnen.

AB AUF DIE INSELN
Lassen Sie sich am nächsten Morgen per Taxi nach ❿ *Padang Bai* → S. 53 (Foto re.) bringen, von wo Sie mit einem Schnellboot auf die Gilis

Erleben Sie die vielfältigen Facetten der Inseln von Balis Süden und östlichem Zentrum über die Gilis bis zu Lomboks West- und Südküste

übersetzen (rechtzeitig buchen!). ⓫ *Gili Meno* → S. 94 ist die ursprünglichste der drei Inseln – hier lässt es sich wunderbar entspannen. Mieten Sie ein Boot samt Schnorchel- oder Tauchausrüstung: Die Skipper wissen, wo es die schönsten Korallen oder Meeresschildkröten zu sehen gibt. Nach Sonnenuntergang setzen Sie auf die Partyinsel ⓬ *Gili Trawangan* → S. 95 über und tauchen ins Nachtleben ab.

KUNSTHANDWERK UND TRADITION

Weiter geht es per Boot nach Teluk Nare, wo Sie die ⓭ *Perlenfarm Autore* → S. 87 besichtigen. Steigen Sie in einen Minibus *(bemo),* der die pittoreske Küstenstraße von Bangsal nach ⓮ *Senggigi* → S. 86 entlangfährt. Hier genießen Sie die relaxte Strandatmosphäre und ein gutes Abendessen. Im Mietauto mit Chauffeur statten Sie tags darauf der Tempelanlage ⓯ *Pura Lingsar* → S. 81 und ⓰ *Taman Narmada* → S. 82 einen Besuch ab. Von dort geht es zu über ⓱ *Banyumulek und Sukarara* → S. 89 zu den traditionellen ⓲ *Sasakdörfern Rambitan und Sade* → S. 79.

TRAUMSTRÄNDE AM INDISCHEN OZEAN

Übernachten Sie in den Sempiak Villas am Traumstrand ⓳ *Selong Belanak* → S. 78. Per Boot oder Moped erkunden Sie weitere versteckte Buchten und einsame Strände um ⓴ *Kuta* → S. 76 und gönnen sich einen letzten Wellenritt, Schnorchel- oder Tauchgang in Mawun, Gerupuk oder ㉑ *Ekas Bay* → S. 79, bevor es zurück zum Flughafen geht.

450 km. Reine Fahrzeit: 17 Stunden. Empfohlene Reisedauer: 12 Tage. Detaillierter Routenverlauf auf dem hinteren Umschlag, im Reiseatlas sowie in der Faltkarte

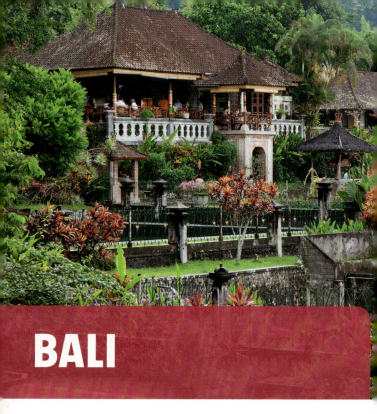

BALI

Die meisten Besucher sind bereits bei der Ankunft auf Bali überwältigt von den vielen exotischen Eindrücken, die auf sie einstürmen: Gerade eben noch im chaotischen Verkehr auf der Hauptstraße zwischen hupenden Autos und zickzack fahrenden Mopeds, finden sie sich wenige Schritte weiter in einer Welt aus duftenden Frangipanibäumen, sanfter Gamelanmusik und mystischen Tempelzeremonien, die den Alltag jedes Balinesen beherrschen.

Jede Familie – auch jedes Hotel – ehrt die Hausgötter mehrmals täglich mit Früchten, Reis, Blumen und Räucherstäbchen. Gekleidet in *sarongs* (Wickelröcken), mit Schärpen und Kopfschmuck bringen Hausbewohner, Hotelangestellte oder Ladenbesitzer diese Gaben in kunstvoll geflochtenen Palmkörbchen auf kleinen Altären dar. Noch beeindruckender sind die aufwendigen Prozessionen an Feiertagen, wenn ein ganzes Dorf in Festtagsgewändern mit lauten Gongs zum Tempel zieht, während die Frauen kunstvolle Pyramiden aus Früchten und anderen Gaben auf ihren Köpfen balancieren.

Bali ist eine Enklave im Land mit der größten muslimischen Bevölkerung der Welt: 93 Prozent der knapp 4 Mio. Inselbewohner sind Hindus. Dank der späten Kolonialisierung und des früh einsetzenden Tourismus konnten die Balinesen ihre einzigartige Kultur erhalten. Ihr Weltbild richtet sich nach einer eigenen Mythologie, wonach das Meer von Dämonen bevölkert ist und die Götter auf den Bergen leben. Ihr heiligster

Bild: Tirtagangga

Vulkane und Korallenriffe, Nachtclubs und Strandidylle, Heiligtümer und Wellnesstempel – Bali überrascht mit zahlreichen Facetten

Tempel, Pura Besakih, liegt am Hang des 3148 m hohen Vulkans Gunung Agung, des höchsten und heiligsten Bergs Balis. Reißende Flüsse fließen von dort durch steile Schluchten, üppige Wälder und malerische Reisterrassen bis hinunter zu den Stränden, die im Süden weiß und im Norden vulkanisch schwarz sind.

Rund ein Drittel seiner Zeit verwendet jeder Balinese auf die traditionellen Pflichten den Göttern und seiner Gemeinde gegenüber. Denn auch die Verwaltung und Teile der Rechtsprechung liegen auf Bali noch ganz in den Händen der Dorfgemeinde, des *banjar*, dem jeder verheiratete Mann angehört. Für viele Balinesen wird es jedoch immer schwieriger, ihre Traditionen mit dem modernen Leben in Einklang zu bringen, denn auf keiner Insel Indonesiens ist die Globalisierung zugleich so weit fortgeschritten: Rund 3 Mio. ausländische Touristen im Jahr bringen nicht nur Devisen, sondern auch jede Menge Einflüsse aus dem Rest der Welt auf die 5700 km² große Insel. Am stärksten ist dies in Kuta zu spüren, wo

AMED

es den meisten Besuchern vor allem um Sonne, Strand, Surfen und Partys geht. Bis zum schicken Ort Seminyak 4 km weiter nördlich reihen sich nahtlos Restaurants, Bars und Hotels aneinander. Um zu verhindern, dass die Besuchermassen die ganze Insel überschwemmen, entstand in den 1970er-Jahren an den Stränden der Bukit-Halbinsel im Süden das Touristenresort Nusa Dua – heute eine abgeschlossene Welt aus Hotelanlagen. Abseits des Rummels entspannen, schnorcheln und tauchen kann man vor allem im Norden und Osten der Insel, in Amed, Lovina oder Pemuteran. Ubud dagegen entwickelt sich zunehmend zum Mekka für kulturell und spirituell Interessierte. Immer mehr Anbieter setzen daher auf einen gehobenen Tourismus in exklusiven Villen mit ökologisch korrekten Freizeitangeboten – Yogakurse und Bioküche sind dabei obligatorisch.

AMED

(133 E4) *(N3)* **Zerklüftete Hügel und kleine Buchten prägen die raue Schönheit der Ostküste Balis.**

Mit Dämonenfiguren aus Bambus und Pappmaché begrüßen die Balinesen das neue Jahr

Einst als Armenhaus der Insel bekannt, hat sich der Küstenabschnitt im Süden des Fischerdorfs Amed mittlerweile zum Zufluchtsort für Reisende gewandelt, die Ruhe vor dem Rummel der Touristenzentren suchen: In den letzten zehn Jahren vervielfachte sich die Anzahl der Hotels und Restaurants entlang der schmalen Küstenstraße, die von Amed über *Jemeluk*, *Bunutan*, *Lipah* und *Selang* in den Süden führt. Dennoch ist Amed nach wie vor extrem ruhig und ermöglicht Familien und Tauchfans einen entspannten Urlaub. Die meist kleinen Unterkünfte liegen entweder hoch auf den Klippen oder laden am dunkelsandigen Strand

BALI

der Buchten zum Baden und Schnorcheln ein. In der Dämmerung können Sie den Fischern zusehen, wenn sie mit ihren bunten Auslegerbooten aufs Meer fahren. Shoppinggelegenheiten oder Nachtleben gibt es in Amed kaum, dafür umso romantischere Abendessen bei Kerzenschein.

Von Amed können Sie direkt auf die Gilis übersetzen *(45 Min.; Kuda Hitam Express | www.kudahitamexpress.com oder Gili Sea Express | www.gili-sea-express.com).*

ESSEN & TRINKEN

AIONA
Vegetarisches Restaurant mit europäischen und ayurvedischen Gerichten, dazu Meditationskurse und spirituelle Beratung. *Bunutan | Tel. 0813 38161730 | €–€€*

SAILS ☼
Frisches Seafood, Steaks und leckere Desserts werden auf einer luftigen Terrasse hoch über dem Meer serviert. *Lean Beach | Tel. 0363 2 20 06 | €€*

INSIDER TIPP WAWA WEWE BEACH
Der neueste der mittlerweile vier Ableger des Familienunternehmens bietet einfache, aber gute westliche und indonesische Küche und ist Treffpunkt für Einheimische und Touristen, die hier zweimal in der Woche zu Livemusik abtanzen. *Amed | Tel. 0363 2 35 22 | €*

FREIZEIT & SPORT

Amed zieht vor allem Taucher und Schnorchler an: In den meisten Buchten kann man direkt auf Unterwassersafari gehen und trifft immer auf bunte Korallen und Fischschwärme, am besten in Jemeluk und Lipah. Beliebte Tauchspots sind das Riff vor *Jemeluk* sowie die kleine Insel *Gili Selang*. Vor *Tulamben* etwas weiter im Norden liegen eine spektakuläre Korallenwand sowie das korallenüberwucherte Wrack eines amerikanischen Versorgungsschiffs aus dem

---

MARCO POLO HIGHLIGHTS

★ **Pura Luhur Uluwatu**
Uralter Tempel auf den Klippen der Südküste
→ S. 38

★ **Tenganan**
Kultur und Tradition von Balis Ureinwohnern Bali Aga erfahren → S. 41

★ **Seminyak**
Nach dem Shoppen in Balis trendigsten Strandbars Cocktails schlürfen und dabei den Sonnenuntergang genießen → S. 61

★ **Danau Buyan und Tamblingan**
Reisfelder und Wasserfälle laden zu idyllischen Spaziergängen ein
→ S. 50

★ **Nusa Lembongan**
Ideal zum Schnorcheln, Surfen und Entspannen
→ S. 51

★ **Pulau Menjangan**
Tauchgänge mitten im Nationalpark Taman Nasional Bali Barat
→ S. 57

★ **Gunung Batukaru**
Üppige Reisterrassen mit atemberaubendem Panorama und ein mystischer Tempel im Wald
→ S. 64

★ **Ubud**
Bei Kunst, Spa und Yoga an einem heiligen Ort das spirituelle Bali entdecken → S. 66

★ **Gunung Batur**
Bizarre Vulkanlandschaft und uralte Traditionen → S. 72

AMED

Zweiten Weltkrieg vor der Küste – eine der wichtigsten Tauchattraktionen in Bali. Hier haben sich inzwischen ebenfalls diverse internationale Resorts mit eigenen Tauchschulen angesiedelt. Die Anfahrt von Amed dauert nur eine halbe Stunde, per Boot geht's noch schneller. Kurse und Touren bieten *Jukung Dive (Amed | Tel. 0363 2 34 69 | www.jukungdivebali.com)* oder *Eco Dive (Jemeluk | Tel. 0363 2 34 82 | www.ecodivebali.com)*. Ausfahrten mit Fischerbooten arrangiert der *Titi Sedana Homestay (Tel. 0877 62 02 37 11 | titisedana@yahoo.com)*.

ÜBERNACHTEN

BLUE MOON VILLAS
Großzügige Bungalows am Steilhang von Selang, Meerblick von allen Zimmern, Restaurant, zwei Pools und Spa, sehr gutes Restaurant. *14 Zi. | Selang | Tel. 0363 2 14 28 | www.bluemoonvilla.com | €€*

INSIDER TIPP ▶ THE KAMPUNG
Die Privatunterkunft bietet zwei traditionelle javanische Holzhäuser mit Pool direkt am Strand, Putz- und Küchenservice. *5 Zi. | Jl. Abang-Adem | Bunutan | Tel. 0363 2 30 58 | www.thekampung.com | €€*

PALM GARDEN AMED BEACH & SPA RESORT
Helle, moderne Bungalowanlage mit Pool, Spa und Restaurant direkt am Strand, nach Fengshui-Prinzipen erbaut. *11 Bungalows | Lean Village | Bunutan | Tel. 0828 97 69 18 50 | www.palmgardenamed.com | €€€*

HOTEL UYAH AMED
Ins Dorf integriertes Eco-Resort mit Solarenergienutzung, zwei Pools, Spa, Restaurant. *27 Bungalows | Amed | Tel. 0363 2 34 62 | www.hoteluyah.com | €*

ZIELE IN DER UMGEBUNG

AMLAPURA (133 E5) (*N4*)
Rund 25 km südlich von Amed liegt der alte Sitz des einst mächtigen Karangasem-Reichs – heute eine kleine Bezirkshauptstadt mit 40 000 Einwohnern. Dennoch lohnt ein Stopp, um durch die engen Straßen mit chinesischen Läden und muslimischen *warungs* zu schlendern sowie die beiden Königspaläste zu besichtigen: Der *Puri Agung (tgl. 8–17 Uhr | Eintritt 10 000 Rp.)* im holländischen Kolonialstil war ein Geschenk der Besatzer und ist samt Wasserpavillon noch gut erhalten. Der weitläufige Komplex des gegenüberliegenden *Puri Gede (tgl. 8–17 Uhr | Eintritt 10 000 Rp.)* aus dem 18. Jh. ist ziemlich heruntergekommen, doch gibt es einige interessante Bilder und Herrscherutensilien zu entdecken.

TIRTAGANGGA (133 D5) (*N4*)
Inmitten von Reisterrassen liegen 18 km südwestlich von Amed die heiligen Quellen von Tirtagangga („heiliges Wasser des Ganges"), um die der letzte König von Karangasem 1948 einen Park anlegen ließ. Auf drei Ebenen plätschern mehrere Pools mit kunstvoll gemeißelten Wasserspeiern und Statuen in einem üppigen Garten. In den beiden Pools darf man gegen eine Extragebühr *(10 000 Rp.)* baden. *Tgl. 8–18 Uhr | Eintritt 10 000 Rp.*

UJUNG-WASSERPALAST
(133 E5) (*N4*)
30 km südlich von Amed liegt der *Taman Soekasada Ujung (tgl. 8–17 Uhr | Eintritt 10 000 Rp.)*, den der König von Karangasem 1921 als Familienresidenz erbauen ließ. Durch ein Erdbeben 1979 stark zerstört, wurde die Anlage etwas zu modern renoviert, Pools und Garten laden aber

zu einem Spaziergang mit Blick auf den Gunung Agung ein. Von Ujung führt eine 🌸 kurvige Küstenstraße bis nach Amed zurück. Wer die ruhige Stimmung länger genießen will, kann in einer der sieben luftigen Villen des ● *Seraya Shores Resort (Tel. 0813 37 15 34 44 | www.seraya-shores.com | €€)* übernachten und den Pool direkt über dem Ozean genießen sowie das gesunde Menü, das sich nach den morgendlichen Einkäufen des Kochs richtet.

BUKIT-HALBINSEL

(134–135 B–D 5–6) (*ω H–J 7–8*) **Wie ein Tropfen hängt die Halbinsel Bukit Badung – oft nur „Bukit" (Hügel) genannt – am südlichen Zipfel Balis.** Einst wegen ihrer Trockenheit kaum bewohnt, sind die bis zu 200 m hohen Kalkfelsen heute als „Millionärszeile" bekannt: Hoch auf den spektakulären Klippen haben in den letzten zehn Jahren viele Luxusresorts eröffnet, auch dehnt sich Kutas Clubszene inzwischen bis hierhin aus. Bereits in den 1970er-Jahren schuf die Regierung am weitläufigen Oststrand der Halbinsel die Hotelstadt *Nusa Dua*, um den Massentourismus besser kanalisieren zu können. Drei streng bewachte Tore führen vom Hafenstädtchen *Tanjung Benoa* in die abgeschlossene Fünf-Sterne-Welt, die Touristen alles bietet außer echtem balinesischem Leben. Das lässt sich besser in *Jimbaran* an der Westküste beobachten, wo morgens und abends die bunten Fischerboote ihren Fang einbringen und an die schlichten Restaurants verkaufen, die sich den Strand entlang aufreihen. Besonders beliebt ist die Halbinsel bei Surfern, die sich in den Buchten im Südwesten tummeln.

Zum Nusa-Dua-Hotelkomplex führen viele Wege – dieser ist einer von ihnen

SEHENSWERTES

MUSEUM PASIFIKA ●

Mitten im Hotelkomplex von Nusa Dua präsentiert das weitläufige Museum in moderner balinesischer Architektur nicht nur Kunst aus Indonsien, sondern auch aus Europa, Indochina, Ostasien und der pazifischen Inselwelt. *Tgl. 10–18 Uhr | Eintritt 70 000 Rp. | Block P | Nusa Dua*

BUKIT- HALBINSEL

PURA LUHUR ULUWATU ★

Rund 80 m über der Brandung thront der alte Tempel aus dem 11. Jh., der zu den sechs heiligsten Tempeln Balis gehört und zu Ehren der Meeresgöttin erbaut wurde. Entlang an Frangipanibäumen führt eine Treppe zum äußeren Hof des Tempels, dessen geschwungenes Tor von Ganeshafiguren bewacht wird. In die Wände aus weißen Korallen sind Szenen aus balinesischen Mythen gemeißelt. Der mittlere und innere Hof ist nur für Hindus zugänglich. Ein schmaler Weg führt durch das Tempelareal entlang der Steilküste und eröffnet atemberaubende Blicke auf das tosende Meer in der Tiefe. Besonders empfehlenswert zum Sonnenuntergang, wenn der *Kecak*-Tanz vor der Silhouette des Tempels aufgeführt wird. Zuvor sollten Sie allerdings Ihre Wertsachen, Kamera und Sonnenbrille gut verstauen, um sie vor den aufdringlichen Affen in Sicherheit zu bringen. *Tgl. 9–19, Kecak tgl. 18 Uhr | Eintritt 15 000 Rp., Kecak 50 000 Rp.*

ESSEN & TRINKEN

Die Luxushotels in Nusa Dua und dem Rest der Halbinsel haben alle exzellente, teure Restaurants. Das beste Seafood gibt es günstig an den Strand-*Warungs* in Jimbaran.

BALIQUE RESTAURANT

Leckere Fusionküche in luftiger Architektur im gepflegten Vintagestil. *Jl. Uluwatu 39 | Jimbaran | Tel. 0361 70 49 45 |* €€–€€€

BUMBU BALI

Der vielfach ausgezeichnete Meisterkoch Heinz von Holzen serviert eine großartige Auswahl balinesischer Gerichte und bietet auch Kochkurse an. *Jl. Pratama | Tanjung Benoa | Tel. 0361 77 22 99 |* €€

INSIDERTIPP ROCK BAR

Diese ultraschicke Bar des Ayana-Resorts liegt auf einem Felsen 14 m über dem Meer mit großartigem Rundblick, dazu Cocktails, Snacks und internationale DJs. *Jl. Karang Mas Sejahtera | Jimbaran | Tel. 0361 70 22 22 |* €€€

TAO BALI

Moderne asiatische Küche in schicker Lounge-Atmosphäre. *Jl. Pratama 96 | Tanjung Benoa | Tel. 0361 77 29 02 |* €€

FREIZEIT & SPORT

Die großen Hotels bieten alle Arten von Wassersport sowie Tennisplätze und luxuriöse Spas.
Die Hauptattraktion im Südwesten der Halbinsel sind die spektakulären Wellen, die Surfer aus aller Welt anziehen. Kurse gibt es im *Padang Padang Surf Camp (Tel. 0819 99 28 35 49 | www.balisurfingcamp.com)*. Golfer finden einen der besten Plätze Asiens im *Bali Golf and Country Club* in Nusa Dua. Eine Alternative ist der *New Kuta Golf* in Pecatu mit Blick aufs Meer *(Infos unter www.99bali.com/golf)*.

STRÄNDE

Die weitläufigsten Strände der Halbinsel liegen im Hotelkomplex von *Nusa Dua*. Der Strand in *Tanjung Benoa* sowie im Süden *Jimbarans* ist ebenfalls größtenteils von Hotels in Beschlag genommen. Der lange Streifen vor den Fisch-*Warungs* in Jimbaran lädt eher zum Spazierengehen ein. Der sehr schöne *Dreamland Beach* ist leider meist sehr voll und recht verbaut. Etwas schwieriger zu erreichen sind die bei Surfer beliebten Buchten *Bingin*, *Balangan* und *Padang-Padang*, in denen auch Schwimmen und Schnorcheln möglich sind. In der Brandung von Impossibles, Nyang-Nyang, Suluban und

BALI

Uluwatu allerdings sollten sich Nichtsurfer und Surfanfänger besser aufs Zusehen beschränken.

ÜBERNACHTEN

BALI BULE HOMESTAY
Das schöne Familienhotel mit Pool und Restaurant liegt 5 Min. Fahrt von Suluban und Padang-Padang entfernt. Ideal für Surfer. *10 Zi. | Jl. Pantai Padang-Padang | Pecatu | Tel. 0361 76 99 79 | balibulehomestay.com | €*

BALI REEF RESORT
Gepflegtes, familienfreundliches Bungalowresort mit Pool, Spa und Strandrestaurant. *28 Zi. | Jl. Pratama | Tanjung Benoa | Tel. 0361 77 62 91 | www.balireef-resort.com | €€€*

JIMBARAN PURI BALI
Schickes Designresort im weitläufigen Tropengarten, riesiger Pool, Spa, Restaurant und Bar direkt am Strand, Familienangebote und Hochzeitsservice. *64 Cottages | Jl. Uluwatu | Jimbaran | Tel. 0361 70 16 05 | www.jimbaranpuribali.com | €€€*

INSIDER TIPP THE TEMPLE LODGE
Sie übernachten in einer von sieben individuell gestalteten Suiten auf den Felsen über Bingin und genießen frische Bioküche, Pool und Spa mit Naturprodukten. Tägliche Yogakurse. *Jl. Pantai | Bingin | Tel. 0857 39 01 15 72 | www.thetemplelodge.com | €€*

UDAYANA KINGFISHER ECO LODGE
Auf dem Hügel mitten im Campus der Udayana-Universität bietet dieses Hotel mit durchdachtem ökologischen Konzept viel Ruhe und natürliche Umgebung weit ab vom Touristenrummel. *10 Zi., 2 Villen für Langzeitaufenthalte | Kampus Udayana | Jimbaran | Tel. 0361 7 47 42 05 | www.ecolodgesindonesia.com | €€*

Strandvergnügen zwischen Korallen und Kalksteinfelsen auf der Bukit-Halbinsel

CANDIDASA

(133 D6) (ⓂN5) Oft als das „alte Bali" bezeichnet, konnte das ehemalige Fischerdorf (ca. 20 000 Ew.) seinen ursprünglichen Charme bewahren, der sich allerdings nicht auf den ersten Blick erschließt.

Im Touristenboom der 1970er-Jahre wurden die Korallenriffe vor der Küste als Baumaterial abgetragen – eine Dekade später hatte die Brandung den Strand komplett zerstört. Heute schützen hässliche Betonwälle den Hauptort vor weiterer Erosion. Östlich und westlich des Zentrums jedoch finden sich Bungalowanlagen in Palmenhainen und wunderschöne Strände. Candidasa ist ein idealer Ausgangspunkt für Ausflüge in den bergigen Osten Balis.

ESSEN & TRINKEN

CANDI BAKERY
Kleines Café mit INSIDER TIPP nettem Homestay (€). Hier gibt es Vollkornbrot und Apfelkuchen sowie Sauerkraut und Würstchen. *Jl. Tenganan | Ds. Nyuhtebel 7 | Tel. 0363 4 18 83 | www.ayutamansari.com | €*

JOGLO BAR & RESTAURANT
In einem traditionellen javanischen Joglo-Haus wird internationale und vor allem original balinesische und javanische Küche serviert. *Jl. Raya Candidasa (neben Indomaret) | Tel. 0363 4 21 81 | www.joglocandidasa.com | €€*

VINCENT'S
Gemütliche Restaurantbar mit internationaler Küche sowie einer guten Cocktail- und Weinauswahl, Livejazz. *Jl. Raya Candidasa | Tel. 0363 4 13 68 | www.vincentsbali.com | €€*

STRÄNDE

Direkt im Osten von Candidasas Hauptstraße ist der Strand eher schmal, je weiter es nach Westen geht, desto großzügiger werden die Sandstreifen. Sehr beliebt ist der unbebaute Strand *Pasir Putih* („weißer Sand"): Etwa 5 km nordöstlich von Candidasa führt eine holperige Straße zu einem von Felsen eingerahmten Sandstreifen mit kristallklarem Wasser. Ab mittags sehr voll.

ÜBERNACHTEN

ALILA MANGGIS
Elegante Hotelanlage unter Kokospalmen am schönen Strand westlich von Candidasa. Pool, Spa, Yogakurse und edles Restaurant. Das umweltbewusste Management hat ein Müllverwertungsprojekt im Nachbardorf initiiert. *55 Zi. | Buitan Manggis | Tel. 0363 4 10 11 | www.alilahotels.com | €€€*

RAMASHINTA HOTEL
Hübsches Gartenhotel mit Seeblick, Pool und Restaurant an der Lagune im Zentrum von Candidasa. *15 Zi. | Jl. Raya Candidasa | Dusun Samuh | Tel. 0363 4 19 03 | www.ramashintahotel.com | €€*

INSIDER TIPP SEA BREEZE
Am Strand von Mendira liegt diese gepflegte Anlage, Restaurant mit familiärer Atmosphäre, zwei Pools, Spa. *Mendira | Tel. 0812 108 58 88 | www.seabreezecandidasa.com | €€*

THE WATERGARDEN
Die 13 Bungalows verstecken sich zwischen plätschernden Lotosteichen in einem üppigen Garten am Hang. Zwei Pools, Spa und Restaurant. *Jl. Raya Candidasa | Tel. 0363 4 15 40 | www.watergardenhotel.com | €€€*

BALI

Morgennebel umhüllt die zentrale Tempelanlage des Pura Besakih

ZIELE IN DER UMGEBUNG

GUNUNG AGUNG
(132–133 C–D 3–4) (*M–N 3–4*)

Auf der meist wolkenverhüllten Spitze des majestätischen „Großen Bergs" (3142 m) wohnen nach balinesischem Glauben die Götter. Diese bewiesen 1963 ihren Unmut, als beim letzten Ausbruch des Vulkans weite Teile Ostbalis zerstört wurden. Der anstrengende Aufstieg zum 700 m breiten Krater ist von *Besakih (ca. 6 Std., für erfahrene Bergsteiger)* oder vom *Pura Pasar Agung (ca. 4 Std.)* möglich. Ein Führer ist nicht obligatorisch, aber empfehlenswert.

PURA BESAKIH
(132 C4) (*L–M4*)

Der „Muttertempel" der Balinesen liegt ca. 40 km nordwestlich von Candidasa auf fast 1000 m am Hang des Gunung Agung und bietet eine großartige Aussicht. Die größte und wichtigste Tempelanlage der Insel hat ihre Ursprünge im 11. Jh. und besteht heute aus 22 Tempeln, die sich den Berg hinaufziehen. Das symbolische Zentrum bildet der *Pura Penataran Agung* mit einem Lotosthron, der dem Gott Shiva geweiht ist. Ein Besuch lohnt sich nur mit einem guten Führer, da sich der lange Weg vom Parkplatz zur Tempelanlage in eine Touristenfalle mit Dutzenden von aufdringlichen Guides und Verkäufern verwandelt hat. *Tgl. 8–18 Uhr | Eintritt 15 000 Rp.*

TENGANAN ★ (133 D5) (*N4–5*)
In wenigen versteckten Dörfern leben die Ureinwohner Balis, die Bali Aga, ein Leben nach strengen Traditionen. Tenganan, 3 km nördlich von Candidasa, ist das einzige Bali-Aga-Dorf, das sich dem Tourismus geöffnet hat. Die traditionellen Häuser ziehen sich links und rechts des Dorfplatzes den Berg hinauf. Gegen

DENPASAR

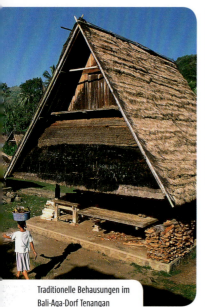

Traditionelle Behausungen im Bali-Aga-Dorf Tenangan

> **WOHIN ZUERST?**
>
> **Jl. Gajah Mada:** Denpasars Hauptachse beginnt südlich vom Busterminal im Westen, wo alle Überlandbusse ankommen, und führt quer durchs Zentrum. Hier liegen auch die beiden Märkte Pasar Badung und Pasar Kumbasari. Folgen Sie der Straße noch ca. 500 m in den Westen, gelangen Sie zum Puputanplatz, wo der Pura Jagatnatha und das Bali Museum liegen.

eine Spende am Dorfeingang darf man sie besichtigen und den Bewohnern beim Anfertigen von Korbwaren, Manuskripten aus Blättern der Lontarpalme oder den berühmten *Geringsing*-Stoffen zusehen: Nur noch wenige Frauen beherrschen die Kunst, ein doppelseitig gewebtes *Ikat*-Tuch anzufertigen. Die Herstellung dieser teuren Stoffe, die magische Kräfte verleihen sollen, dauert mehrere Jahre. Beim jährlichen *Usaba-Sambah*-Fest im Juni kämpfen die jungen Männer des Dorfs mit Pandanusblättern gegeneinander.

DENPASAR

(134–135 C–D4) (*J6–7*) **Moderne Geschäftszentren, Verwaltungsgebäude und viel Verkehr prägen Balis Hauptstadt, deren rund 700 000 Einwohner aus allen Teilen des Lands stammen: Das quirlige Leben hier spiegelt die Realität Indonesiens wider.**

Im Südwesten geht Denpasar bald nahtlos in Seminyak über, im Südosten reichen die Vororte bis nach Sanur. Die meisten Touristen streifen Denpasar nur, doch die früher als *Badung* bekannte Königsstadt besitzt viele Bauten und Parks, die einen Besuch lohnen, sowie ein historisches Museum und ein Kulturzentrum. Der alte Königspalast wurde bei der Eroberung durch die Holländer 1906 weitestgehend zerstört, zu sehen sind nur noch die kleineren Paläste *Puri Satria (Jl. Veteran)*, *Puri Pemecutan (Jl. Thamrin)* und *Puri Jero Kuta (Jl. Dr. Sutomo)*. Obwohl die Kolonialherren ihren Verwaltungssitz in Singaraja errichteten, war Denpasar schon in den 1930er-Jahren ein wichtiges Handelszentrum – den Hauptstadtstatus erhielt es offiziell erst 1958.

SEHENSWERTES

ARTS CENTER (TAMAN WEDHI BUDAYA)

Das Kulturzentrum liegt in einem Park im Osten von Denpasar. In dem weitläufigen Komplex befinden sich die Kunstakademie, eine Galerie und drei Open-Air-

BALI

Bühnen. Richtig voll wird es hier zum *Bali Arts Festival (www.baliartsfestival.com)*, das alljährlich im Juni/Juli stattfindet. *Mo–Do, Sa 8–14.30, Fr 8–12.30 Uhr | Jl. Nusa Indah*

BALI MUSEUM (MUSEUM NEGERI PROPINSI BALI)

Prähistorische Artefakte, Tanzkostüme, religiöse Objekte und Gamelaninstrumente sind im staatlichen Provinzmuseum Balis zu sehen. 1910 von den Holländern gegründet, besteht das Museum heute aus vier Gebäuden, die die balinesische Palast- und Tempelarchitektur aus verschiedenen Epochen präsentieren, wie etwa aus der Zeit der Gelgel- oder der Karangasem-Dynastien. Jeden Sa um 16 Uhr trainieren ● Kindertanzgruppen im Innenhof *(Eintritt frei)*. *Sa–Do 8–16, Fr 8.30–12.30 Uhr | Eintritt 10 000 Rp. | Jl. Mayor Wisnu*

PUPUTAN-PLATZ

Ein Denkmal auf dem grünen Platz im Zentrum Denpasars erinnert an den rituellen Selbstmord *(puputan)* der Fürsten von Badung und Tabanan, die sich 1906 den Holländern mit ihrem gesamten Hofstaat unbewaffnet entgegenstellten, um der Kolonisierung zu entgehen. Wer nicht durch die Gewehrsalven starb, tötete sich nach dem Gemetzel selbst. Heute ist der Platz an Feierabend ein beliebter Treffpunkt.

PURA JAGATNATHA

An der Ostseite des Puputan-Platzes steht Balis Staatstempel, erbaut 1953, der der obersten Gottheit Sanghyang Widhi geweiht ist, die Shiva, Brahma und Wishnu in sich vereint – ein Zugeständnis an die indonesische Staatsphilosophie *pancasila*, die den Monotheismus voraussetzt. Der Heiligenschrein besteht aus weißen Korallen. In Vollmondnächten gibt es *Wayang*-Aufführungen: Dann philosophieren, trinken und flirten die Balinesen vor dem Tempel.

ESSEN & TRINKEN

INSIDER TIPP BHINEKA JAYA CAFE

Der Coffeshop von Balis bekanntestem Kaffeeproduzenten, eigentlich ein Warenlager aus der Kolonialzeit, lockt mit selbst gerösteten Kaffeesorten, darunter Kopi Luwak, dem teuersten Kaffee der Welt. *Jl. Gajah Mada | www.kopibali.com*

PASAR MALAM KERENENG

Auf dem quirligen Nachtmarkt bieten Straßenstände Gerichte aus ganz Indonesien an. *Jl. Kamboja | €*

Der Tempel Pura Jagatnatha ist eines der bedeutendsten Heiligtümer Balis

KUTA/LEGIAN

EINKAUFEN

Neben modernen Shopping-Malls gibt es interessante Märkte: Der größte ist der *Pasar Badung (Jl. Gajah Mada)*, auf dem es ab 5 Uhr morgens frische Lebensmittel zu kaufen gibt. Auf der anderen Seite des Flusses liegt der *Pasar Kumbasari*, wo Händler Kunsthandwerk und Souvenirs anbieten. Sehr bunt, aber nichts für zarte Gemüter ist der Vogelmarkt *Pasar Burung (Jl. Veteran)*, auf dem auch Kleintiere und Insekten zum Verkauf stehen.

ÜBERNACHTEN

INNA BALI
Koloniale Atmosphäre verströmt Denpasars ältestes internationales Hotel, das 1927 von den Holländern gebaut wurde. Restaurant, Pool. *71 Zi. | Jl. Veteran 3 | Tel. 0361 22 56 81 | www.innabali.com | €–€€*

AUSKUNFT

DENPASAR GOVERNMENT TOURISM OFFICE
Jl. Surapati 7 | Tel. 0361 23 45 69 | www.balidenpasartourism.com

KUTA/LEGIAN

KARTE IM HINTEREN UMSCHLAG
(134 C4–5) (*M* H–J7) Bevor die Hippies und Surfer in den 1960er-Jahren den kilometerlangen Sandstrand mit der ewig rollenden Brandung für sich entdeckten, war Kuta ein Fischerdorf mit ungepflasterten Wegen.

Heute zeugen im wichtigsten Touristenzentrum Balis (40 000 Ew.) nur noch die engen Gassen um die Poppies Lane von der alten Dorfstruktur. Entlang der Strandpromenade und der *Jalan Legian*, die Kuta und Legian verbindet, drängen sich Autos, Mopeds und Verkäufer. Hotels, Restaurants und Läden reihen sich dicht an dicht, und die Übergänge zu den Nachbarorten Tuban im Süden und Seminyak im Norden sind nicht mehr zu erkennen: Kuta und Legian sind zu einem urbanen Konglomerat verschmolzen, das mittlerweile in jeder Richtung an seine Grenzen stößt. Doch gerade diese pulsierende Dichte scheint Surfer und Partyfans anzuziehen, die tagsüber Strand, Sonne und Wellen genießen und abends ins Nachtleben abtauchen. Das etwas ruhigere *Tuban* dagegen bietet von Vergnügungspark bis Shopping-Mall alles für einen Familienurlaub.

Inzwischen hat sich Kuta auch vom Schock der Bombenanschläge von 2002 und 2005 erholt, bei denen mehr als 200 Menschen ums Leben kamen. Die Balinesen haben die Sicherheitsvorschriften verstärkt, und die Touristen kommen wieder. Ein Denkmal an der Stelle eines zerstörten Nachtclubs in der Jl. Legian erinnert an die Toten.

ESSEN & TRINKEN

THE BALCONY (U B4) (*M* b4)
Beliebter Surfer-Treffpunkt mit großer Auswahl an westlichen und asiatischen Gerichten. *Jl. Benesari 16 | Kuta | Tel. 0361 75 06 55 | €€*

ENVY (U A5) (*M* a5)
Das freundliche Personal in der hippen Strandlounge serviert köstliche Pasta, Steaks, Seafood und Cocktails. *Jl. Wana Segara 33 | Tuban | Tel. 0361 75 25 27 | €€–€€€*

INSIDER TIPP KORI RESTAURANT & BAR (U B4) (*M* b4)
Eine Oase der Ruhe mitten in Kuta: Balinesische Spezialitäten und interna-

BALI

Auf den Shoppingmeilen Kutas lassen sich auch traditionelle Accessoires finden

tionale Küche genießen Sie in einem schönen Garten. Zigarren- und Kognaklounge. *Poppies Lane II | Kuta | Tel. 0361 75 86 05 | €€*

MADE'S WARUNG I UND II
Immer voll, denn ein immer gut gelaunter Service verwöhnt die Gäste mit einer großen Auswahl an leckeren indonesischen Gerichten. *Jl. Pantai Kuta (U B5) (M b5) und Jl. Raya Seminyak (U B3) (M b3) | Tel. 0286 2 17 10 45 | €€*

NERO BALI MEDITERRANEAN RESTAURANT & LOUNGE (U B4) (M b4)
Mediterrane Küche und große Weinauswahl, ergänzt von köstlichen Desserts und Kaffeevariationen. *Jl. Legian Kelod 384 | Legian | Tel. 0361 75 07 56 | €€–€€€*

TEKOR BALI (U B3) (M b3)
Strandrestaurant mit entspannter Atmosphäre und guter internationaler Küche. *Jl. Arjuna 99 | Legian Kaja | Tel. 0361 73 52 68 | €–€€*

EINKAUFEN

BIN-HOUSE
Die tragbare indonesische Mode wird aus edlen Stoffen nach traditionellen Vorbildern manuell gefertigt. *Discovery Shopping Mall MG 30 | Jl. Kartika Plaza (U B5) (M b5) | Kuta und Made's Warung | Jl. Raya Seminyak (U B3) (M b3) | Seminyak | www.binhouse.com*

CELLARDOOR ● (U O) (M O)
Im Laden der balinesischen Hatten Wines können Sie neben selbst gekelterten Weinen auch Spirituosen aus der Distillerie Dewi Sri kaufen und täglich an einer Weinprobe teilnehmen. *Komplex Pertokoan Dewa Ruci 3, Bypass Ngurah Rai | Tel. 0361 76 74 22 | www.hattenwines.com*

DISCOVERY SHOPPING MALL ● (U B5) (M b5)
Balis größtes und modernstes Einkaufszentrum mit Outlets internationaler Marken und Boutiquen lokaler Designer

KUTA/LEGIAN

und Strandpromenade. *Jl. Kartika Plaza | Tuban | www.discoveryshoppingmall.com*

EXTREME TOYS (U B4) (*b4*)
Ausgefallenes Equipment und Mode für Surfer, Kitesurfer und andere Fun-Sportler. *Kuta Square und Jl. Legian*

Sie bei der *Pro Surf School (Jl. Pantai Kuta* (U B4) (*b4*) *| Kuta | Tel. 0361 75 12 00 | www.prosurfschool.com).* Wer schnorcheln und tauchen will, muss etwas weiter fahren, da sich die Küste direkt vor Kuta nicht dafür eignet. Touren und Kurse organisieren zahlreiche

Auf die perfekte Welle brauchen Surfer an Kutas Stränden nicht lange zu warten

POKITO 1 (U B4) (*b4*)
Die Adresse für kreative Kindermode mit modernen Batikmotiven für Null- bis Zehnjährige. *Jl. Legian 384 | Kuta | www.koopukidz.com*

SCUBA DUBA DOO (U B4) (*b4*)
Im Laden der gleichnamigen Tauchschule gibt's alles, was man zum Tauchen und Schnorcheln braucht. *Jl. Legian Kelod 367 | Legian*

FREIZEIT & SPORT

Gute Surfspots und Verleihshops finden Sie überall am Strand, Kurse belegen

Anbieter, darunter die deutsche Tauchschule *Paradise Diving Indonesia (Jl. Arjuna 6a* (U A3) (*a3*) *| Legian | Tel. 0811 39 35 15 | www.divingbali.de).*
Strandmassagen und Spas gibt es an jeder Ecke. Als bester Wellnesstempel Kutas gilt das *DaLa Spa* im *Villa de Daun Resort (Jl. Legian* (U B4) (*b4*) *| Kuta | Tel. 0361 8 50 10 22)*, günstiger sind die Behandlungen im *Cozy (Jl. Sunset Blok A3* (U B3) (*b3*) *| Legian | Tel. 0361 76 67 62).* Spaß für die ganze Familie garantiert der *Waterbom-Park (tgl. 9–18 Uhr | Eintritt 31 US-$ | Jl. Kartika Plaza* (U B5) (*b5*) *| Tuban | www.waterbom-bali.com).*

BALI

AM ABEND

Ganz Kuta ist eine einzige Ausgehmeile mit vielen Clubs, die größten liegen an der *südlichen Jl. Legian*. Die einst international bekannte Ausgehszene um die Jl. Arjuna verlagert sich immer mehr nach Seminyak. Ein neues Entertainmentcenter entsteht am sogenannten *New Kuta Beach* nahe Dreamland auf der Bukit-Halbinsel.

BEACHWALK XXI PREMIERE ●
(U B4) (m b4)
Im 2012 eröffneten Luxuskino laufen vor allem Blockbuster aus Hollywood und Asien. *Beachwalk Lantai 2, Jl. Pantai Kuta | Kuta | Tel. 0361 8 46 56 21 | www.21cineplex.com/theaters*

EIKON (U B4) (m b4)
Australisch dominierte Disko mit wechselnden Themenabenden von mexikanischer Nacht bis Bikiniparty. *Tgl. 23–3 Uhr | Jl. Legian 178 | Kuta | Tel. 0361 75 07 01*

M-BAR-GO (U B4) (m b4)
Minimalistisches Design und House-Musik auf der Veranda, im Untergeschoss legen einheimische DJs Hip-Hop auf. *Tgl. 22–4 Uhr | Jl. Legian | Kuta | Tel. 0361 75 62 80*

OCEAN'S 27 ✂ (U B5) (m b5)
Nach Sonnenuntergang verwandelt sich die Strandbar in einen hippen Club, in dem internationale DJs hinter den Turntables stehen. *Tgl. 11–4 Uhr | Discovery Esplanade | Jl. Kartika Plaza | Tuban | Tel. 0361 75 60 27*

SKY GARDEN LOUNGE ✂
(U B4) (m b4)
Feiern mit spektakulärem Blick über Kutas Dächer: Auf mehreren Tanzflächen und Bars verteilt sich ein gemischtes Publikum. ● Von 23 bis 24 Uhr werden ausgewählte Cocktails gratis ausgeschenkt. *Tgl. 19–4 Uhr | Jl. Legian 61 | Kuta | Tel. 0361 75 63 62*

ÜBERNACHTEN

ALAM KUL KUL ☺ (U B4) (m b4)
Für sein grünes Konzept preisgekröntes Boutiquehotel, das traditionelle und moderne Elemente verbindet, zwei Restaurants und Bar, zwei Pools, Spa und Kinderbetreuung, direkt am Strand. *79 Zi. | Jl. Pantai Kuta | Legian | Tel. 0361 75 25 19 | www.alamkulkul.com | €€€*

DEKUTA BOUTIQUE HOTEL
(U B4) (m b4)
Modernes Familienhotel in zweiter Reihe am Strand von Legian, mit Pool und zwei Restaurants. *53 Zi. | Jl. Pantai Kuta, Poppies Lane II | Tel. 0361 75 38 80 | dekuta.com | €€*

O-CE-N BALI BY OUTRIGGER
(U B3) (m b3)
Postmodernes Designhotel mit zwei Pools, Spa, sehr gutem Strandrestaurant und Bar, Kinderbetreuung. *53 Zi. | Jl. Arjuna 88 x | Legian Beach | Tel. 0361 73 74 00 | www.outrigger.com | €€€*

PADMA RESORT (U B3) (m b3)
Großes Fünf-Sterne-Strandhotel im modernen Bali-Stil mit diversen Restaurants und Bars, Poollandschaft und Spa, Sport- und Kinderprogramm. *409 Zi. | Jl. Padma 1 | Legian | Tel. 0361 75 21 11 | www.padmaresortbali.com | €€€*

POPPIES COTTAGES I (U B4) (m b4)
Ein Klassiker in Kuta: In einer engen Gasse liegen die kleinen Bungalows im tropischen Garten mit Pool, 5 Min. zum Strand. *25 Bungalows | Poppies*

LOVINA

Lane I | Kuta | Tel. 0361 75 10 59 | www.poppiesbali.com | €€

INSIDER TIPP TANAYA BED & BREAKFAST (U B3) (b3)
Günstige Travellerunterkunft mit modernen, sauberen Zimmern. Zentral mitten in Kuta gelegen. 7 Zi. | Jl. Legian 131 | Kuta | Tel. 0361 75 62 76 | www.tanayabed.com | €

VILLA COCO (U B3) (b3)
Von der versteckten Gartenanlage mit luxuriösen Privatvillen mitten in Legian sind es 10 Min. zum Strand. Pool und In-House-Catering. 19 Villen | Jl. Arjuna, Gang Villa Coco | Legian | Tel. 0361 73 07 36 | www.villacoco.com | €€€

AUSKUNFT

KUTA TOURIST INFORMATION (U B4) (b4)
Jl. Raya Kuta 2 | Kuta | Tel. 0361 75 61 75

LOVINA

(130 C2) (G1–2) **Nach dem englischen Wort für Liebe benannte der letzte König von Buleleng den 10 km langen Küstenstreifen, der sich westlich von Singaraja über die Dörfer Anturan, Kalibukbuk und Kaliasem erstreckt.**

Inspiriert von den Hippies, die in den 1970er-Jahren Balis Norden eroberten, verwirklichte der Fürst hier seine Tourismusideen.

Lovina liegt an vulkanisch schwarzen Sandstränden, das ruhige Meer ist ideal zum Schwimmen und Schnorcheln. Die größte Attraktion hier ist Dolphin-Watching: Jeden Morgen vor Sonnenaufgang fahren Dutzende kleiner Auslegerbötchen zu den vorgelagerten Riffen, um den Touristen die Delphine zu zeigen, die sich hier meist tummeln. Da Lovina nicht mehr so viele Besucher hat wie früher, sind viele Hotels und Strandabschnitte vernachlässigt und von Guides belagert, die Arbeit suchen. Andererseits entstehen am Fuß der nahen Berge neue Resorts, die Wellness-, Yoga- und Meditationsurlaub anbieten. Lovina eignet sich ausgezeichnet für Ausflüge ins zentrale Hochland Balis.

ESSEN & TRINKEN

AKAR CAFE
Klein, fein und in jeder Hinsicht grün: leckere vegetarische Küche, organische Produkte und Vermittlung von Yogakursen in mintgrünem Dekor. Jl. Binaria | Kalibukbuk | Tel. 0819 15 62 55 25 | €–€€

INSIDER TIPP BAKERY LOVINA
Hier gibt es Frühstück mit Müsli, Vollkornbrot und Käse sowie eine gute Weinauswahl und die beste Pizza im Norden Balis. Jl. Raya Lovina | Kalibukbuk | Tel. 0362 4 22 25 | €€

MR. DOLPHIN
Beliebtes, einfaches Strandrestaurant mit gutem Seafood. Jl. Laviana | Banyualit | Tel. 0813 53 27 69 85 | €

FREIZEIT & SPORT

Tauch- und Schnorchelausrüstungen bekommen Sie im Hotel oder bei Spicedive (Tel. 0362 4 15 09 | www.balispicedive.com), wo Sie auch Touren und Kurse buchen können. Delphintouren werden überall am Strand und in jeder Unterkunft organisiert. Im Araminth Spa (Jl. Mawar | Kalibukbuk | Tel. 0812 3 81 25 04 | www.lifestylebali.com) können Sie selbst Massagetechniken erlernen. Wellness- und Yoga-Urlaub bieten Samyoga (Dusun Panti | Tel. 0813

BALI

37 67 68 93 | www.samyogabali.com) oder Zen Resort Bali (Seririt | Tel. 0362 9 35 78 | www.zenresortbali.com).

ÜBERNACHTEN

DAMAI LOVINA VILLAS
Edles Boutiquehotel mit 14 stilvollen Bungalows, schönem Pool und Spa nahe den Bergen mit Meerblick. Sehr gutes Restaurant mit Bioküche. *Jl. Damai | Kalibukbuk | Tel. 0362 4 10 08 | www.damai.com | €€€*

FRANGIPANI BEACH HOTEL
Schickes Boutiquehotel direkt am Strand mit Blick aufs Reisfeld. Pool und Restaurant. *8 Zi. | Jl. Kartika | Kalibukbuk | Tel. 0812 3 82 47 79 | www.frangipanibeachhotelbali.com | €€*

INSIDER TIPP THE HAMSA RESORT
Hoch am Berg über dem Singsing-Wasserfall in einem riesigen Garten liegen 13 Villen mit Blick bis zum Meer um einen Pool. Biorestaurant und Ayurveda-Spa, Yoga und Detoxbehandlungen sind im Angebot. *Jl. Air Terjun Sing Sing | Desa Cempaga | Tel. 0812 46 16 89 12 | www.thehamsaresort.com | €€*

HOTEL MELAMUN
Einfaches, ordentliches Hotel mit sehr gutem Service und schönem Pool. 3 Min. zum Strand. *10 Zi. | Jl. Laviana 7 | Banyualit | Tel. 0362 4 15 61 | www.hotelmelamun.com | €*

ZIELE IN DER UMGEBUNG

BANJAR (130 B3) (*F2*)
10 km westlich von Lovina liegt das Dorf Banjar, das für seine heißen Quellen *(Air Panas | tgl. 8–18 Uhr | Eintritt 5000 Rp.)* berühmt ist. Ein kurzer Fußweg führt zu drei Becken mit steinernen Wasserspeiern. Ein Bad im 38 Grad warmen Schwefelwasser soll eine heilsame Wirkung haben. Südlich von Banjar liegt ● *Brahmavihara Arama (tgl. 9–18 Uhr | Eintritt gegen Spende | brahmaviharaarama.com)*, das einzige buddhistische Kloster Balis. Über mehrere Stufen zieht sich ein Garten mit Gebetshallen den Hang hinauf: Hier können Sie medi-

Kuren auf Indonesisch: Baden in den heißen Schwefelquellen von Banjar

LOVINA

tieren oder vom Tempel ganz oben den Blick bis zum Meer genießen. Das Kloster bietet auch mehrtägige Meditationsaufenthalte.

DANAU BRATAN
(131 E3–4) (*H–J3*)

An der Straße von Singaraja nach Bedugul erstreckt sich rund 20 km südöstlich von Lovina der *Bratan-See*. Seine Hauptattraktion ist der feenhafte *Pura Ulun Danu Bratan (tgl. 7–19 Uhr | Eintritt 30 000 Rp.)* aus dem 17. Jh., einer der wichtigsten Tempel und beliebtes Fotomotiv: Hinter einem schönen Garten liegt auf einer kleinen Insel der elfstufige Schrein, der der Seegöttin geweiht ist. In zahlreichen Zeremonien bitten die Balinesen hier um ausreichend Wasser für ihre Felder.

In der Nähe des Sees finden sich diverse Unterkünfte und Freizeitparks: In *Candikuning* können Sie den 154 ha großen *Botanischen Garten (tgl. 7–18 Uhr | Kebun Raya Eka Karya | Eintritt 7000 Rp., Auto 12 000 Rp.)* sowie den *Bali Treetop Adventure Park (tgl. 8.30–18 Uhr | Eintritt 21 US-$)* besuchen. Nördlich des Sees liegt der *Bali Handara Kosaido Country Club (www.balihandarakosaido.com)* mit einem 18-Loch-Golfplatz, Hotel und Spa.

DANAU BUYAN UND TAMBLINGAN ★ (131 D3) (*H2*)

Als fruchtbares Herz Balis wird die Gegend um den Buyan- und Tamblingan-See bezeichnet, die einst einen einzigen großen Kratersee bildeten. Am nördlichen Rand führt eine Straße am Hochufer an Kaffeeplantagen vorbei. Am südlichen Ufer kann man zu Fuß bis zum Dorf *Munduk* laufen (25 km südlich von Lovina), das wunderschön zwischen Bergwäldern, Obstplantagen, Reis- und

Idylle, die nur auf kleinen Pfaden zu erreichen ist: das Ufer des Tamblingan-Sees

BALI

Tabakfeldern liegt. Ein Pfad 2 km östlich von Munduk führt zu einem Wasserfall. Wer die Natur länger genießen will, sollte in den 🌱 ☺ **INSIDER TIPP** *Puri Lumbung Cottages (Tel. 0362 7 01 28 87 | www.purilumbung.com | €€)* übernachten, einem preisgekrönten Eco-Resort mit 23 Cottages aus alten Reisspeichern mit Blick bis zum Meer.

GITGIT-WASSERFALL (131 D2) (*H2*)

17 km südöstlich von Lovina stürzt Balis höchster Wasserfall rund 40 m in die Tiefe. Der betonierte Pfad führt von der Straße nach Bedugul an allerlei Verkaufsständen und Obstbäumen vorbei zum natürlichen Pool *(tgl. 8–17 Uhr | Eintritt 10 000 Rp.)*.

SINGARAJA (131 D1) (*H1*)

Die alte Hauptstadt 10 km östlich von Lovina ist mit mehr als 80 000 Einwohnern die zweitgrößte Stadt der Insel. Von hier etablierten die Holländer ihre Herrschaft, wovon der alte Hafen und viele koloniale Bauten zeugen. Viel früher hatten sich bereits muslimische und chinesische Händler niedergelassen, die bis heute das Straßenbild mitprägen.

Der alte Palast *Puri Agung (tgl. 9–17 Uhr | Eintritt gegen Spende | Jl. Mayor Metra 12 | Tel. 0362 2 29 74)* der Könige von Buleleng wurde Anfang des 20. Jh. wiederaufgebaut und zeigt heute vor allem Bilder der Herrscherfamilie, deren Nachfahren noch hier wohnen. Das *Museum Buleleng (Mo–Do 7–15, Fr 7–11 Uhr | Eintritt 5000 Rp. | Jl. Veteran 23)* gegenüber erklärt vor allem die Geschichte der Region und das Leben des letzten Königs. Daneben findet sich die 1928 von den Holländern gegründete Bibliothek *Gedong Kirtya (Mo–Do 7–15, Fr 7–12 Uhr | Eintritt 10 000 Rp. | Jl. Veteran 22)*, in der sich mehr als 3000 alte Schriften befinden – darunter kunstvolle Manuskripte aus Lontarblättern sowie koloniale Zeugnisse. Einige Kilometer östlich von Singaraja befinden sich mehrere beeindruckende Tempel: In den *Pura Dalem* von *Sangsit* und *Jagaraga* zeigt sich der frivolere Stil des Nordens in erotischen Szenen und Karikaturen, die auch moderne Elemente wie Autos miteinbeziehen.

NUSA LEMBONGAN

(133 D1) (*L–M 6–7*) ★ Wer sich vom Rummel im Süden Balis ausruhen will, ist hier richtig: Auf der 4,5 mal 2,5 km kleinen Insel 12 km östlich vor Sanurs Küste ist das Leben deutlich langsamer, außer ein paar Kleintransportern gibt es keine Autos.

Obwohl sich die Zahl der neu gebauten Resorts in den letzten zehn Jahren vervielfacht hat, leben die meisten der rund 4000 Bewohner weiterhin hauptsächlich vom Seegrasanbau. In den zwei Dörfern *Jungutbatu* und *Lembongan* finden Sie weder eine Post noch einen Bankautomaten (Geldumtausch zu hohen Raten möglich), dafür sieben kleine *Tempel* und ein *unterirdisches Haus (tgl. | Eintritt 10 000 Rp)*.

Ein lang gezogenes Riff im Nordwesten macht Nusa Lembongan zu einem beliebten Ziel für Surfer. Schnorchler und Taucher finden rund um die Nachbarinseln *Nusa Ceningan* und *Nusa Penida* schöne Korallenbänke. Im Nordosten bieten sich Entdeckungstouren durch die Mangroven an, während versteckte Buchten im Süden Robinson-Gefühl vermitteln. Alle Unterkünfte liegen auf der Westseite der Insel – zum Teil mit spektakulärem Blick auf den Gunung Agung. Am schnellsten kommt man von Sanur nach Nusa Lembongan *(öffentliche Fäh-*

NUSA LEMBONGAN

re tgl. 8 Uhr, 90 Min. | 60 000 Rp., Perama | tgl. 10.30 Uhr, 90 Min. | 100 000 Rp. | www.peramatour.com oder ab 25 US-$ in 30 Min. mit einem Schnellboot | diverse Anbieter | www.balitrips.net/lembongantransfers). Auch von Padang Bai und den Gilis (gili-fastboat.com) setzen Speedboote über.

ESSEN & TRINKEN

Die meisten Unterkünfte betreiben kleine Cafés, im Dorf gibt es einfache *warungs*. Edler speisen kann man in den Hotelresorts im Südwesten.

INSIDER TIPP THE BEACH CLUB AT SANDY BAY

Die kleine Bucht im Südosten der Insel ist perfekt, um nachmittags mit einem Drink am Pool zu chillen, oder für ein romantisches Dinner am Abend (Abholservice). *Sandy Bay | Tel. 0828 97 00 56 56 | www.sandybaylembongan.com | €€€*

BLUE CORNER BAR

Blaue Sitzsäcke am Strand vor dem gleichnamigen, aus natürlichen Materialien gebauten Tauchresort laden zum Sundowner ein, dazu gibt's Tapas und Beachvolleyball. Statt Betonmauern schützen Pflanzen den Strandabschnitt vor der Erosion durch die Brandung. Müllrecycling. *Blue Corner Beach | nördlich von Jungutbatu | Tel. 0819 16 23 10 54 | €*

FREIZEIT & SPORT

Direkt vor *Jungutbatu* gibt es drei populäre Surfspots – zur Freude der Strandbesucher, die so immer etwas zum Schauen haben. Alle Unterkünfte organisieren Bade- und Schnorcheltouren zu weiter entfernten Stränden. Um *Nusa Ceningan* und *Nusa Penida* sind die Tauch- und Schnorchelmöglichkeiten exzellent. Kurse bieten *World Diving (Pondok Baruna | Jungutbatu | Tel. 0812 3 90 06 86 | www.world-diving.com)* und *Big Fish (Secret Garden | Jungutbatu | Tel. 0813 53 13 68 61 | www.bigfishdiving.com)*, ein Unternehmen, das Initiativen zur Erhaltung der Korallenriffe unterstützt. Zur täglichen Entspannung bei Yogakursen in der Bambushütte lädt *Yoga Shack (Secret Garden | Jungutbatu | Tel. 0813 53 13 68 61 | www.yogashacklembongan.com)*. Um die Insel zu erkunden, mieten Sie am besten bei Ihrer Unterkunft ein Fahrrad oder Moped.

STRÄNDE

In Jungutbatu teilen sich Badende und Surfer den Strand mit Seegrasfarmern und Fischern. Vom *Coconut Beach* im Süden des Hauptstrands führt ein steiler Fußweg über die Felsen bis zur *Mushroom Bay*, die auch gut mit dem Boot erreichbar ist. Zur *Tamarind Bay*, der abgelegenen *Sandy Bay* und zum wildromantischen INSIDER TIPP *Dream Beach* gelangt man über holperige Straßen vom Dorf Lembongan aus.

ÜBERNACHTEN

INDIANA KENANGA

Luxuriöses Boutiquehotel mit edlem Pool und Spa, exzellente französische Küche. *8 Suiten | Jungutbatu | Tel. 0366 55 93 71 | www.indiana-kenanga-villas.com | €€€*

PONDOK BARUNA

Eines der ältesten Hotels der Insel mit schlichten, sauberen Zimmern, Pool und angeschlossener Tauchschule. Gutes Strandrestaurant und netter Service. *22 Zi. | Jungutbatu | Tel. 0812 3 94 09 92 | www.world-diving.com | €*

BALI

WAKA NUSA RESORT
Konmfortable Bungalowanlage unter Kokospalmen mit Pool, Spa und Restaurant sowie diversen Freizeitangeboten. *10 Bungalows | Mushroom Beach | Tel. 0366 24477 | www.wakaexperience.com | €€€*

PADANG BAI

(132 C6) (*M5*) Für die meisten Reisenden ist das Fischerdorf Padang Bai (20 000 Ew.) nur Durchgangsstation auf dem Weg nach Lombok oder die Gilis.

ZIELE IN DER UMGEBUNG

NUSA PENIDA UND NUSA CENINGAN
(133 D–F 1–2) (L–N 6–8)
Auf der größeren Nachbarinsel *Nusa Penida* übernachten nur wenige Touristen, sie ist jedoch beliebt für Tauch- und Schnorchelausflüge. Auf der ehemaligen Sträflingsinsel wohnen überwiegend Moslems. Die meisten Balinesen meiden die Insel jedoch, denn der Legende nach lebt hier der böse Riese Jero Gede Mecaling. Ein- bis zweimal im Jahr bringen Boote aus Bali Opfergaben zum Tempelgeburtstag des *Pura Dalem Penataran Ped* in *Toyapakeh*, um den Dämon zu besänftigen. Zu Galungan gibt es eine große Prozession zur *Goa Karangsari*, einer riesigen Höhle 10 km südlich des Hauptorts *Sampalan*. Die *Friends of the National Parks Foundation,* die sich für den Schutz von Wildtieren und deren natürlichen Lebensraum engagiert, betreibt mitten im Vogelschutzgebiet ein *Besucherzentrum (Tel. 0828 97 60 86 96 | www.fnpf.org | €)* mit einfachem Gästehaus für freiwillige Helfer. Von Nusa Lembongan setzen öffentliche Fähren und Charterboote nach Toyapakeh über.

Zwischen Nusa Lembongan und Penida liegt die kleine *Nusa Ceningan*, die man über eine schmale Brücke von Nusa Lembongan aus zu Fuß per Fahrrad oder Moped erkunden kann. Hier gibt es erst seit Kurzem einige kleine Cafés und Bungalows, z. B. *Jenny's Bed & Breakfast (Tel. 0812 36 27 76 50 | bsr_nuslem@yahoo.com | €)*.

Spektakulär ist die Unterwasserwelt vor Nusa Penida

Ohne Zweifel dominieren die Fährterminals die Hauptbucht, doch gibt es auch Gäste, die hier ihren ganzen Urlaub verbringen. Das liegt vor allem an der entspannten Atmosphäre, den günstigen Unterkünften sowie den großartigen Tauchmöglichkeiten: Mehrere Korallenriffe direkt vor der Küste sowie die Inseln Nusa Penida und Nusa Ceningan im

PADANG BAI

Süden versprechen spektakuläre Begegnungen mit der bunten Unterwasserwelt.

ESSEN & TRINKEN

OZONE CAFE
Als langjährige Institution beliebt bei Travellern wie Einheimischen. Zu kühlen Drinks gibt's Pizza und Livemusik. *Jl. Segara | Tel. 0363 4 15 01 | €*

TOPI INN CAFE
Das gemütliche Café bietet Frühstück mit Müsli, selbst gemachten Kuchen sowie balinesisches Buffet und Seafood am Abend. Lese- und Spielecke. *Jl. Silayukti 99 | Tel. 0363 4 14 24 | www.topiinn.nl | €*

FREIZEIT & SPORT

Padang Bai ist einer der wichtigsten Ausgangspunkte für Tauchtouren vor ganz Bali. Zahlreiche Unternehmen bieten am Hauptstrand Kurse an, empfehlenswert sind die deutsche Tauchschule *Paradise Diving Indonesia (Jl. Silayukti 9 Bi | Tel. 0361 7 42 85 01 | www.divingbali.de)* und *Water Worx (Jl. Silayukti | Tel. 0363 4 12 20 | www.waterworxbali.com)*. Fischtouren mit einem traditionellen Boot organisiert *Pak Lulu (Tel. 0813 37 76 80 77)*.

STRÄNDE

Der Hauptstrand von Padang Bai lädt eher dazu, den Fähren und Tauchbooten zuzusehen als zu schwimmen. Schöne Strände zum Baden und Schnorcheln sind der *Blue Lagoon Beach* auf der anderen Seite des Hügels östlich des Hauptstrands sowie der „kleine Strand" *Bias Tugal*, meist *White Sand Beach* genannt, der über einen Fußweg am Hügel westlich vom Fährhafen in 15 Min. zu erreichen ist (Vorsicht: Die Strömung ist hier stark!).

ÜBERNACHTEN

BLOO LAGOON VILLAGE
Familienfreundliches Eco-Resort direkt über dem Blue-Lagoon-Strand, geräumige Villen, Pool, Spa und Biorestaurant. *24 Villen | Tel. 0363 4 12 11 | www.bloolagoon.com | €€€*

INSIDER TIPP LEMON HOUSE
Steile Treppen hinter dem Hafen führen zu diesem kleinen, blitzsauberen Travellerhotel, die Terrasse bietet einen Blick über die ganze Bucht. *3 Zi., 4 Schlafsaalbetten | Gang Melanting 5 | Tel. 0812 39 89 67 50 | www.lemonhouse.me | €*

HOTEL PURI RAI
Die zweistöckige Anlage mit drei Pools und beliebtem Restaurant ist die komfortabelste Unterkunft im Ort. *30 Zi. | Jl. Silayukti 7 | Tel. 0363 4 13 85 | www.puriraihotels.com | €–€€*

ZIELE IN DER UMGEBUNG

GOA LAWAH (132 C6) (M5)
5 km westlich von Padang Bai liegt die „Fledermaushöhle" mit einem der sechs heiligsten Tempel Balis. Zur Abenddämmerung schwärmen die Fledermäuse mit ohrenbetäubendem Lärm aus der Höhle, die wie der Tempel mit einer dicken Schicht ihrer Exkremente bedeckt ist. *Tgl. 8–18 Uhr | Eintritt 10 000 Rp.*

KLUNGKUNG (SEMARAPURA)
(132 B6) (L5)
Das Marktstädtchen (16 km) mit 50 000 Einwohnern war einst Hauptsitz der ersten hinduistischen Könige von Bali. Als der Thronfolger des mächtigen Majapahit-Reichs im 15. Jh. vor muslimischen Eroberern aus Java fliehen musste, ließ er sich in Gelgel bei Klungkung nieder und ernannte sich zum Herrscher von Bali.

BALI

Blick von der Kerta Gosa zum Bale Kembang in Klungkung

1710 verlegte die Gelgel-Dynastie ihren Sitz nach Klungkung. Von der einstigen Pracht zeugen nur noch ein Palasttor, die alte Gerichtshalle Kerta Gosa sowie das Bale Kembang („schwimmender Pavillon"), die heute im *Taman Gili (tgl. 8–17 Uhr | Eintritt 5000 Rp.)* zu besichtigen sind. Vor allem die *Kerta Gosa* mit ihren kunstvollen Deckenmalereien im *Wayang*-Stil ist beeindruckend: Unter Darstellungen von himmlischen Freuden und höllischen Strafen wurde hier bis 1950 Recht gesprochen. Das größere *Bale Kembang* diente zuletzt als Wartehalle des Gerichts. Die Fresken stellen Szenen aus Mythen und Legenden sowie das balinesische Alltagsleben in früherer Zeit dar. Der Rest des Palasts wurde bei der Eroberung der Holländer 1908 zerstört. Das *Puputan-Denkmal* vor dem Komplex erinnert daran, dass der gesamte Hofstaat damals rituellen Selbstmord beging, um der Kolonialisierung zu entgehen. Zum Taman Gili gehört das Museum *Semarajaya*, in dem die Geschichte, aber auch das Alltagsleben bis heute dokumentiert ist.

2010 eröffnete der Künstler *Nyoman Gunarsa* rund um sein Studio 3 km westlich von Klungkung das nach ihm benannte *Museum (tgl. 9–16 Uhr | Eintritt 25 000 Rp. | Jl. Petigaan Banda 1 | Takmung),* das eines der größten Kunstmuseen Balis ist.

PEMUTERAN

(128 C2) (*C2*) **Das Fischerdorf an der Nordwestspitze Balis liegt am Rande des Nationalparks von Westbali und hat sich zu einem exklusiven Ziel für Schnorchler, Taucher und Naturliebhaber entwickelt.**

PEMUTERAN

Tauchern offenbaren sich bizarre Unterwasserwelten an Balis Nordwestküste

An den ruhigen Stränden finden sich meist gehobene Resorts mit Rundumservice: Fast jedes Hotel hat ein Restaurant, ein Spa, eine eigene Tauchschule und organisiert Touren in den Nationalpark. Einige günstigere Homestays liegen im Dorf. Sehr erfolgreich ist das weltgrößte Projekt zur Besiedelung künstlicher Korallenriffe vor Pemuteran, bei dem die Dorfbewohner mit Hotelbesitzern und ausländischen Wissenschaftlern zusammenarbeiten. Das Tauchzentrum *Reef Seen Aquatics (Tel. 0362 9 30 01 | www.reefseen.com)* betreibt zudem eine Schildkrötenstation.

ESSEN & TRINKEN

INSIDER TIPP CAFÉ BALI BALANCE

Selbst gebackenes Vollkornbrot und leckere Kuchen, frische Säfte und Salate. Vom Erlös wird ein lokales Schulprojekt unterstützt. *Jl. Raya Singaraja-Gilimanuk | Banyupoh | Tel. 0853 37 45 54 54 | www.bali-balance.com | €*

ÜBERNACHTEN

MATAHARI BEACH RESORT

Luxuriöse Hotelanlage in toller Strandlage, mit preisgekröntem Restaurant, exzellentem Spa, Pool und diversen Freizeitangeboten. Der Betrieb unterstützt verschiedene Sozialprojekte, die den Kindern im Dorf zugutekommen. *32 Zi. | Tel. 0362 9 23 12 | www.matahari-beach-resort.com | €€€*

INSIDER TIPP THE MENJANGAN

Zwischen Mangroven und Urwald liegt dieses Eco-Resort mit Pool, Spa und Panoramarestaurant – alles aus natürlichen Materialien erbaut und an die Umgebung angepasst. Gutes Tourenangebot. *23 Bungalows | Jl. Raya Gilimanuk-Singaraja km 17 | Desa Pejarakan | Tel. 0362 9 47 00 | www.themenjangan.com | €€€*

PONDOK SARI BEACH RESORT

In einem Garten mit Lotosteichen liegen 35 Bungalows mit Open-Air-Bad – das Wasser wird umweltschonend aufbereitet –, Restaurant, Pool, Spa und deutschsprachiger Tauchschule. *Tel. 0362 9 23 37 | www.pondoksari.com | €€*

BALI

SUKASARI HOMESTAY
Familiengeführte Bungalowanlage, 3 Min. vom Strand, authentisches Restaurant und schöner Garten. *6 Zi. | Tel. 0813 38 26 28 29 | sukasarihomestay.com |* €

ZIELE IN DER UMGEBUNG

PULAU MENJANGAN ★
(128 B1) (*B1*)

Die unbewohnte Insel am Nordwestzipfel des Nationalparks gilt als das beste Tauchrevier Balis mit einer außergewöhnlichen Vielfalt an Korallen und Fischen. Auf Könner warten steil abfallende Riffe und ein Schiffswrack. Anfänger sowie Schnorchler kommen dank des Korallenschutzprojekts auch in Strandnähe auf ihre Kosten. Auf der Insel steht Balis angeblich ältester, original erhaltener Tempel *Pura Gili Kencana*, der aus dem 14. Jh. stammen soll, als das javanische Majapahit-Reich noch große Teile des heutigen Indonesiens beherrschte.

PURA AGUNG PULAKI (129 D2) (*C2*)
Der Küstentempel wurde 1983 vor einer dramatischen Kulisse aus Klippen und Dschungel wiederaufgebaut und erinnert an die Ankunft des javanischen Hindu-Priesters Nirartha auf Bali im 16. Jh. Der Pura Agung Pulaki ist umringt

BÜCHER & FILME

▶ **Erdentanz** – In ihrem Roman erzählt Oka Rusmini, wie drei Frauengenerationen einer Familie unter dem Kastensystem Balis lieben, leben und leiden (2007)

▶ **Kunst und Kultur in Bali** – Standardwerk des Baseler Ethnologen Urs Ramseyer über Kultur und Religion auf Bali (2002)

▶ **Liebe und Tod auf Bali** – In ihrem Klassiker schildert Vicki Baum anhand einer fiktiven Liebesgeschichte die Ereignisse, die 1906 zum rituellen Selbstmord des Fürstenhofs von Badung führten (2007)

▶ **Reise nach Bali** – Der „Kulturkompass fürs Handgepäck" bietet eine Sammlung vielfältiger Texte zur Geschichte, Glaubenswelt und dem Alltag Balis von Autoren unterschiedlicher Epochen (2007)

▶ **Bali – 1000 Gesichter einer Insel** – Reisefilm von Nixbu Productions (USA 2006) mit Specials zu Tauchen, Surfen, Kochen, Vulkanen, Tempeln und Spas

▶ **Eat, Pray, Love** – Der Hollywoodfilm mit Julia Roberts nach dem Bestseller von Elizabeth Gilbert wurde 2009 u. a. auf Bali gedreht

▶ **Insel der Dämonen** – In dem Schwarz-Weiß-Klassiker von 1933 verwob Friedrich Dalsheim Alltagsleben und Mythen zu einer Mischung aus Dokumentar- und Spielfilm, für den Walter Spies seine berühmte Version des *kecak*-Tanzes inszenierte

▶ **Sacred & Secret – Das geheime Bali** – Der Schweizer Filmemacher Basil Gelpke dokumentiert das religiöse und gesellschaftliche Leben auf Bali aus Sicht des Prinzen Tjokorda Raka Kerthyasa (2010)

SANUR

von drei weiteren Tempeln und heute vor allem berühmt-berüchtigt für die Horden von Affen, die dort als Wächter hausen. *Tgl. 8–18 Uhr | Eintritt gegen Spende*

TAMAN NASIONAL BALI BARAT
(128–129 A–F 2–5) (Ⅲ A–F 2–4)
Über 19 000 ha zieht sich der Westbali-Nationalpark von den Korallenriffen im Nordwesten über Mangroven und Trockengebiete bis hin zu den Bergwäldern auf den Ausläufern der Vulkane. 160 verschiedene, teils sehr seltene Vogelarten leben hier, außerdem diverse Affenarten, wilde Büffel, Zwerghirsche, Warane und Schlangen. Wer nur auf der Hauptstraße hindurchfahren oder zum Schnorcheln an den Strand will, kann dies auf eigene Faust tun. Für Jeep-, Boots- oder Trekkingtouren *(Eintritt 25 000 Rp.)* müssen Sie auf die Dienste eines registrierten Führers zurückgreifen. Die meisten Trecks starten im Besucherzentrum von *Labuhan Lalang,* wo auch die Boote nach Pulau Menjangan ablegen.

SANUR

(135 D4) (Ⅲ J–K 6–7) **Als ruhiger Gegenpol zu Kuta ist Sanur (35 000 Ew.) besonders für den Familienurlaub geeignet.**

Das Meer ist so ruhig und flach, dass auch Kinder darin planschen können, schwimmen ist dagegen nur bei Flut möglich. Ein gepflasterter Weg zieht sich den ganzen Strand entlang, der von Strandbars und Cafés gesäumt ist. Dahinter öffnen sich die üppigen Gärten der Hotelanlagen mit ihren Pools. Im Norden steht das einzige Hochhaus Balis, in dem heute das Inna Grand Bali Beach Hotel untergebracht ist. Angesichts der Verschandelung verbot die Regierung weitere Hochbauten. An der langen *Jl. Danau Tamblingan* liegen viele schöne Läden und gute Restaurants. Das spektakuläre *Drachenfestival* im Norden von Sanur zieht jeden Juli/August zahlreiche Besucher an, genauso wie das *Sanur Village Festival* mit Kunstmärkten, traditionellen Aufführungen, Musik und Wassersportaktivitäten, das ebenfalls im Juli/August stattfindet.

SEHENSWERTES

MUSEUM LE MAYEUR
Der belgische Maler Adrien-Jean Le Mayeur – „Indonesiens Gauguin" – lebte von 1932 bis kurz vor seinem Tod 1958 in Bali. Das Museum in seinem ehemaligen Wohnhaus zeigt sein Werk mit vielen Porträts seiner Frau Ni Pollock, einer berühmten Tänzerin. Der Museumsshop verkauft Kunst und Kunsthandwerk. *Mo–Do 8–15.30, Fr/Sa 8–13 Uhr | Eintritt 20 000 Rp. | am Strandweg nahe Jl. Hang Tuah | Tel. 0361 28 62 01*

ESSEN & TRINKEN

CAFE BATU JIMBAR ☺
In schlichtem Designambiente gibt es frische Säfte, selbst gemachte Kuchen und vegetarische Gerichte, sonntags mit Biomarkt. *Jl. Danau Tamblingan 75A | Tel. 0361 28 73 74 | €€*

INSIDER TIPP GREENLEAF WARUNG ORGANIC ☺
Das gemütliche, kleine Restaurant serviert indonesische Gerichte mit Bioreis und -gemüse. *Jl. Tandakan 7 | Sindhu | Tel. 0361 3 18 71 00 | €*

RISTORANTE MASSIMO
Dieser klassische Italiener ist ein Dauerbrenner: sehr gute Pizza, Antipasti und Gelati, perfekter Service. *Jl. Danau Tamblingan 206 | Tel. 0361 28 89 42 | €€*

PREGINA

Das schlichte, aber geschmackvoll eingerichtete Lokal serviert ausgezeichnete balinesische Gerichte zu günstigen Preisen. *Jl. Danau Tamblingan 106 | Tel. 0361 7 66 23 97 | €*

EINKAUFEN

Der gesamte Strandweg ist gesäumt mit Souvenirshops.

GUDANG KERAMIK

Das Outlet von *Jenggala Keramik* bietet schöne Keramikwaren zu günstigen Preisen. *Jl. Danau Tamblingan 97 | www. jenggala-bali.com*

MANIK ORGANIK

Hier können Sie Biolebensmittel, Naturkosmetik, Recyclingtaschen sowie Meditations- und Yogazubehör erstehen. Zudem werden Frühstückstreffen mit Umweltorganisationen veranstaltet. *Jl. Danau Tamblingan 85 | www. manikorganikbali.com*

NOGO BALI

Kleider, Dekor und Accessoires aus handgewebten Baumwollstoffen sowie antike *ikat*, die auch nach Kundenwünschen angefertigt werden. *Jl. Danau Tamblingan 98 | www.nogobali.com*

SUARTI MAESTRO

Als „tragbare Kunst" bezeichnet Designerin Suarti ihren Schmuck, der sich an alten indonesischen Vorbildern orientiert. *Jl. Bypass Ngurah Rai 104 | www. suartimaestro.com*

FREIZEIT & SPORT

Die meisten Unterkünfte vermitteln Angel- oder Schnorcheltouren in Balis Süden. Die Surfspots vor Sanur sind nicht so spektakulär wie auf der Westseite der Insel. Gute Tauchkurse gibt es bei den *Crys-*

Urlaubsidylle: Hotels inmitten tropischer Gärten in Sanur

SANUR

Einer der Bewohner des Bali Safari & Marine Park

tal Divers *(Jl. Danau Tamblingan 168 | Tel. 0361 28 67 37 | www.crystal-divers.com)*. Die großen Hotels haben meist Tennisplätze, das *Inna Grand Bali Beach Hotel (Jl. Hang Tuah Sanur | www.innagrandbalibeach.com)* sogar einen Neun-Loch-Golfplatz. Entspannung bietet das ⏺ *Jamu Traditional Spa* im Tandjung Sari Hotel *(Jl. Danau Tamblingan 41 | Tel. 0361 28 65 95 | www.jamutraditionalspa.com)* mit natürlichen, lokalen Produkten.

AM ABEND

Zu den größeren Hotels gehören schicke Cocktailbars, viele Strandcafés bieten Livemusik.

ARENA PUB & BAR

Sehr beliebt bei den auf Bali lebenden Ausländern ist diese deutsch-österreichische Restaurantbar mit Billard und Live-Sportübertragungen, Mittwoch Quiz-Nacht, Freitag Livemusik und Billard-Competition. *Tgl. 12–1 Uhr | Bypass Ngurah Rai 115 | Tel. 0361 28 72 55*

CAT & FIDDLE

Guinness und irische Livemusik gibt's im Pub des britischen Honorarkonsuls von Bali. *Tgl. bis 24 Uhr | Jl. Cemara 36 | Tel. 0361 28 22 18*

INSIDER TIPP PIANO BAR

Die romantische Cocktailbar liegt an einem Lotosteich im üppigen Garten des Grand Hyatt Hotels, täglich Livemusik von Jazz bis R 'n' B. *Tgl. 10–1 Uhr | Jl. Danau Tamblingan 89 | Tel. 0361 28 12 34*

ÜBERNACHTEN

INSIDER TIPP FLASHBACK'S

Kleine, geschmackvolle Anlage mit schönen Bungalows und einer Suite, Minipool und Café, 5 Min. zum Strand. *9 Zi. | Jl. Danau Tamblingan 106 | Tel. 0361 28 16 82 | www.flashbacks-chb.com | €–€€*

BALI

HOTEL JATI & HOMESTAY
Elf einfache Zimmer im Bali-Stil und eine Villa für Langzeitmieter. Pool und schöner Garten, familiäre Atmosphäre. *Jl. Danau Tamblingan 168–170 | Tel. 0361 28 17 30 | www.hoteljatiandhomestay.com | €*

PURI SANTRIAN
Komfortable Hotelanlage mit Privatstrand und Beachclub, Pool, Spa und sehr gutem Restaurant. *182 Zi. | Jl. Pantai Sanur | Tel. 0361 28 80 09 | www.santrian.com/puri | €€–€€€*

RESPATI BEACH HOTEL
Kleine, moderne Hotelanlage mit zwei Pools und Restaurantbar direkt am Strand. *35 Zi. | Jl. Danau Tamblingan 33 | Tel. 0361 28 84 27 | www.raspatibeachhotel.com | €€*

TANDJUNG SARI
Die nostalgische Bungalowanlage mit kunstvollem Dekor gehörte zu Balis ersten Strandhotels in den 1960er-Jahren. Pool, Spa, Restaurant und Leselounge. *26 Bungalows | Jl. Danau Tamblingan 41 | Tel. 0361 28 84 41 | www.tandjungsarhotel.com | €€€*

THE ZEN VILLAS
Fünf komfortabel eingerichtete Ferienvillen mitten in Sanur, mit eigener Küche und Privatpool. *Jl. Kesari 2 No. 3 B | Sanur | Tel. 0361 28 61 29 | www.thezenvillas.com | €€€*

ZIELE IN DER UMGEBUNG

BALI SAFARI & MARINE PARK
(135 E3) (*K6*)
Der populäre Safaripark 23 km nordöstlich von Sanur beherbergt mehr als 50 zum Teil bedrohte Tierarten, darunter Weiße Tiger, Komodowarane und Sumatra-Elefanten, auf denen man auch reiten kann. Die Besucher fahren mit einem Truck durch den offenen Zoo, der internationalen Standards entspricht. Preisgekröntes Restaurant und Hotel. *Tgl. 9–17 Uhr | Eintritt 49 US-$ | Jl. Bypass. Dr. Ida Bagus Mantra km 19,8 | Gianyar | www.balisafarimarinepark.com*

BENOA (134–135 C–D5) (*J7*)
Im Süden von Sanur liegt Balis wichtigster Hafen Labuhan Benoa, den die Holländer anlegten. Schiffe mit Fracht für das nahe Denpasar landen hier genauso wie die Pelni-Passagierschiffe, die alle Teile Indonesiens anlaufen. Von hier setzen auch Schnellboote nach Nusa Lembongan und zu den Gilis über.

PULAU SERANGAN (135 D5) (*J7*)
Seinen Namen verdankt das Eiland den Meeresschildkröten, die hier einst zahlreich ihre Eier ablegten. Heute muss man Glück haben, um außerhalb der 2006 gegründeten Schildkrötenstation eines der bedrohten Tiere zu entdecken, denn sie werden trotz Verbot gejagt. Der Süden des 73 ha kleinen Eilands ist von einsamen Palmenstränden gesäumt, im Norden steht der eher unscheinbare Tempel *Pura Sakenan*. Zu wichtigen Zeremonien wird er von Prozessionen aufgesucht, die die Meeresgötter beruhigen sollen. Die Insel ist mit dem Mangrovengürtel südlich von Sanur durch eine Brücke verbunden, von *Tanjung Benoa* aus werden Bootstouren angeboten.

SEMINYAK

(134 C4) (*H7*) ★ **Als Kuta noch ein Dorf und Denpasar weit weg war, bauten die Reichen und Schönen ihre Villen in die Reisfelder des Örtchens Seminyak.** Heute geht der Ort (offiziell 4000 Ew.) im Norden nahtlos in Denpasars Stadtteil

SEMINYAK

Kerobokan über, während die Grenze zu Legian die frühere Ausgehstraße *Jl. Arjuna* bildet. An der *Jl. Laksmana*, dem ehemaligen Strandweg zum Hotel Oberoi, reihen sich Restaurants und Boutiquen aneinander. Dennoch ist Seminyak völlig anders als Kuta und Legian – alles ist hier etwas schicker, exklusiver und teurer. Strand und Wellen sind ebenso schön wie in Kuta, aber nicht so überfüllt, und die Strandbars glänzen im neuesten Design. Inzwischen erstreckt sich der Bauboom auch auf die Nachbardörfer *Petitenget*, *Batubelig* und das Surferparadies *Canggu*. Doch hier findet sich manches Resort noch mitten in Reisfeldern, und der Strand ist leer genug, um am Spülsaum entlangzureiten.

ESSEN & TRINKEN

BALE BALI
Gute chinesische und indonesische Küche, abends Jazz. *Jl. Kunti 4 BB | Seminyak | Tel. 0361 73 27 31 | €–€€*

INSIDER TIPP BIKU
Die antike Einrichtung und das Kuchenbuffet des Teehauses mit Buchladen versprechen gemütliche Nachmittage. Viele Gerichte werden mit Zutaten aus biologischem Anbau zubereitet. *Jl. Raya Petitenget 88 | Kerobokan | Tel. 0361 8 57 08 88 | www.bikubali.com | €€*

ECHO BEACH HOUSE
Leckereien im *Warung*-Setting direkt am Strand, abends DJs, sonntags Livemusik. *Echo Beach | Canggu | Tel. 0361 7 47 46 04 | €€*

LA LUCCIOLA
Das luftige, zweistöckige Strandrestaurant bietet Brunch und feine italienische Küche. *Jl. Pura Telaga Waja | Petitenget | Tel. 0361 73 08 38 | €€€*

MAMASAN
Restaurant und Lounge im Schanghai-Stil der 1920er-Jahre mit feinen asiatischen Menüs des gefeierten Küchenchefs Will Meyrick. *Jl. Raya Kerobokan 135 | Kerobakan | Tel. 0361 73 94 36 | www.mamasanbali.com – €€€*

EINKAUFEN

DOWN TO EARTH
Der vegetarische Biosupermarkt mit angeschlossenem Café und Restaurant bietet auch einen Lieferservice. *Jl. Laksmana 99 | Seminyak | www.downtoearthbali.com*

JEMME
Glamouröser Schmuck des britischen Designers Luke Stockley, teils inspiriert von balinesischen Motiven; edle Fusionküche im angeschlossenen Restaurant. *Jl. Raya Petitenget 28 | Kerobokan | www.jemmebali.com*

LUCY'S BATIK
Kreative Mode- und Einrichtungsaccessoires aus handgebatikten Baumwollstoffen, ideal als Souvenirs. *Jl. Raya Basangkasa 88 | Seminyak und J. Dewi Sri 88 | Legian | www.lucysbatik.com*

NILUH DJELANTIK
Bekannte balinesische Schuhdesignerin, bei der auch schon Cameron Diaz und Gisele Bündchen einkaufen waren. *Jl. Raya Kerobokan 144 | Kerobokan | niluhdjelantik.tumblr.com*

SIMPLEKONSEPSTORE
Mode, Haushaltswaren und allerlei Objekte in einer Mischung aus italienischem Design und traditionellen Stilen, unterstützt Eco-Bali-Recycling. *Jl. Laksmana 40 | Seminyak | Tel. 0361 73 03 93 | www.simplekonsepstore.com*

BALI

Bei üppigen Cocktails wird allabendlich im Ku Dé Ta gefeiert

FREIZEIT & SPORT

Wie in Kuta dreht sich in Seminyak fast alles um Strand und Surfen. Surfkurse gibt es bei *Rip Curl (Jl. Arjuna | Legian/Seminyak | Tel. 0361 73 58 58 | www.ripcurlschoolofsurf.com).*

Für Entspannung sorgen zahlreiche Wellnessangebote. Gönnen Sie sich einen Tag im energieeffizienten **INSIDER TIPP** *Private Spa Wellness Center (Jl. Camplung Tanduk 4 | Seminyak | Tel. 0361 73 16 48 | www.privatespawellnesscenter.com)* mit diversen fernöstlichen Therapien, Naturprodukten und Thermalbehandlungen. Im imposanten ● *Prana Spa (Jl. Kunti 118 X | Seminyak | Tel. 0361 73 08 40 | www.thevillas.net)* gibt es exquisite Behandlungen im Dekor von 1001 Nacht: von Ayurveda über balinesischen Kräuterscrub und Reflexologie bis zum türkischen Dampfbad. Günstiger ist das mediterrane Ambiente von *Bodyworks (Jl. Kayu Jati 2 | Petitenget | Tel. 0361 73 33 17 | www.bodyworksbali.com)* mit einer großen Auswahl an Massage- und Körperpflegeprogrammen.

In Canggu kann man schöne Reitausflüge am Strand und durch die Reisfelder unternehmen *(Horse Adventure Bali | Pereran | Canggu | Tel. 0361 3 65 55 97 | www.balihorseadventure.com).*

AM ABEND

HU'U

Schicke Restaurantbar im romantischen Setting um einen Pool, internationale Bands und DJs. *So–Do 11.30–1, Fr/Sa 11.30–3 Uhr | Jl. Laksmana | Petitenget | Tel. 0361 73 64 43*

KU DÉ TA

Designlounge am Strand des Oberoi-Hotels, australische Fusionküche, Cocktailbar, cooles Publikum. *Tgl. bis 1 Uhr |*

SEMINYAK

Jl. Laksmana 9 | Seminyak | Tel. 0361 73 69 69

POTATO HEAD ☼
Schicker, mehrstöckiger Beachclub in außergewöhnlichem Design mit riesiger Poolbar und zwei gefeierten Restaurants, internationale Bands. *Tgl. 11–2 Uhr | Jl. Petitenget | Seminyak | Tel. 0361 4 73 79 79*

SOS SUPPER CLUB ☼
Die Rooftop-Bar des Anantara-Resorts bietet großartige Cocktails und Tapas zum Sonnenuntergang und danach Loungemusik internationaler DJs. *So–Di 16–23, Mi–Sa 16–1 Uhr | Jl. Abimanyu | Seminyak | Tel. 0361 73 77 73*

ÜBERNACHTEN

INSIDER TIPP VILLA BLUBAMBU
Schicker Homestay mit zwei Pools und Spa-Service im schönen Garten, 5 Min. zum Strand. *3 Villen | Jl. Abimanyu | Gang Melon | Seminyak | Tel. 0818 05 59 30 85 | www.villablubambu.com | €€*

DESA SENI ⊙
Wie in einem Dorf umgeben von Reisfeldern wohnen Sie in diesem Eco-Resort mit geschmackvoll eingerichteten, antiken Holzbungalows, Pool, Spa und Biorestaurant. Kunst- und Yogakurse, 10 Min. zum Strand. *10 Bungalows | Jl. Subak Sari 13 | Pantai Berawa | Canggu | Tel. 0361 8 44 63 92 | www.desaseni.com | €€€*

LEGONG KERATON BEACH HOTEL
Etwas außerhalb, dafür im Garten direkt am Meer liegt dieses schlicht-moderne Strandhotel mit gutem Restaurant, Pool und Spa. Netter Service. *40 Zi. | Pantai Berawa | Canggu | Tel. 0361 4 73 02 80 | www.legongkeratonhotel.com | €€*

TEKA-TEKI HOUSE
Sauberer, ruhiger und sehr freundlicher Homestay im Herzen von Seminyak. *5 Zi. | Jl. Drupadi 1 | Gg Puri Kubu 23 | Seminyak | Tel. 0361 8 47 58 12 | €*

TONY'S VILLAS
Versteckte Bungalowanlage im modernen Bali-Stil, Restaurant und Pool mit Bar, 2 Min. zum Strand. *22 Zi., 9 Villen | Jl. Petitenget | Kerobokan | Tel. 0361 4 73 61 66 | www.balitonys.com | €€€*

ZIELE IN DER UMGEBUNG

BALI BIRD PARK (135 D3) (*J6*)
In Balis Vogelpark rund 25 km nordöstlich von Seminyak flattern 250 verschiedene exotische Vogelarten. Integriert ist ein dschungelartig angelegter Reptilienpark mit Schlangen, Echsen und Komodowaranen. *Tgl. 9–17.30 Uhr | Eintritt 23,50 US-$ | Jl. Serma Cok Ngurah Gambir Singapadu | Batubulan*

GUNUNG BATUKARU ★
(130–131 C–D4) (*G–H 3–4*)
Der zweithöchste Vulkan Balis (2276 m) gilt als Reiskammer der Insel. Auf der Südseite liegen die spektakulären *Reisterrassen von Jatiluwih,* von denen Sie bei klarer Sicht bis zum Meer blicken können. Westlich davon (ca. 50 km von Seminyak) findet sich auf 825 m Höhe der *Pura Luhur Batukaru (tgl. 7–18 Uhr | Eintritt gegen Spende),* einer der sechs heiligsten Tempel. Versteckt im Wald liegt die verwunschen wirkende Anlage, die als Ahnentempel für den Hof von Tabanan dient und deren Ursprünge ins 11. Jh. zurückgehen. Ein Hindu-Geistlicher aus Java soll das Heiligtum gegründet haben, um hier die die Geister der Bratan-, Buyan- und Tamblingan-Seen zu verehren. Ein siebenstufiger Schrein ist dem Berggott Maha Dewa gewidmet.

BALI

Heute dient die Anlage als Ahnentempel für den Hof von Tabanan. Wer den Berg näher erkunden will, kann in der ⓘ INSIDERTIPP *Sarinbuana Eco-Lodge* *(4 Bungalows | Tel. 0361 7 43 51 98 | bali ecolodge.com | €€€)* übernachten.

MENGWI (134 C2) (*ω J5*)

1634 ließ der König von Mengwi den *Pura Taman Ayun* als Familienheiligtum errichten. Die bis heute zweitgrößte Tempelanlage Balis liegt rund 25 km nördlich von Seminyak in einem schönen, weitläufigen Garten, der von einem Wassergraben voller Lotosblumen umgeben ist. Der Wassertempel ist ein Kernstück des ausgeklügelten *Subak*-Systems, nach dessen demokratischen und naturverbundenen Prinzipien die Bewässerung der Reisfelder in Bali geregelt wird. Eine Brücke führt zum gespaltenen Eingangstor des Tempels. Der innerste der drei Höfe darf nur bei wichtigen Zeremonien betreten werden, doch über die Außenmauer lässt sich ein Blick auf die Heiligenschreine erhaschen. *Tgl. 8–17 Uhr | Eintritt 15 000 Rp.*

NEGARA (128 C4–5) (*ω C3–4*)

Die Hauptstadt von Jembrana (40 000 Ew., rund 100 km westlich von Seminyak), der am dünnsten besiedelten Region Balis, ist vor allem bekannt für ihre Büffelrennen *(mekepung)*, die in der Trockenzeit abgehalten werden. Die Region hat wenig touristische Infrastruktur außer am Strand von *Medewi,* der gut zum Surfen geeignet ist.

PURA TANAH LOT (134 B3) (*ω H6*)

Wenn die Sonne hinter dem malerischen Meerestempel Tanah Lot (15 km nordwestlich) untergeht, klicken Hunderte von Kameras: Kein anderes Motiv auf Bali ist bei Touristen so beliebt. Dementsprechend groß ist auch die Zahl der

Bei Ebbe ist der Pura Tanah Lot trockenen Fußes erreichbar

Händler und Guides, sodass der Weg vom Parkplatz zum Felsen, auf dem der Tempel liegt, für Besucher zum Spießrutenlauf werden kann. Wer stattdessen am frühen Morgen kommt, kann den heiligen Ort tatsächlich genießen. In einer Höhle unter dem Felsen bewachen Seeschlangen, die als heilig verehrt wer-

UBUD

den, den Tempel. *Tgl. 7–20 Uhr | Eintritt 15 000 Rp.*

TABANAN (134 B2) (*m* H5)

Die Kleinstadt 35 km nordwestlich von Seminyak beherbergt Balis *Subak-Museum (tgl. 8–17 Uhr | 5000 Rp.),* das die Kultivierung und Bewässerung der Reisfelder anschaulich erklärt. 6 km nördlich von Tabanan liegt der *Butterfly Park (tgl. 9–17 Uhr | Eintritt 80 000 Rp.),* in dem Hunderte exotische Schmetterlingsarten herumflattern.

UBUD

(135 D2) (*m* J–K5) ★ **Das kulturelle und spirituelle Zentrum Balis (70 000 Ew.) liegt zwischen saftigen Reisterrassen und dramatischen Schluchten. Schon im 8. Jh. erklärte ein buddhistischer Mönch den Ort Campuan heilig.**

Im 19. Jh. ließ sich ein Zweig der Sukawati-Dynastie in Ubud nieder und baute einen Palast. Prinz Cokorda Gede Agung Sukawati gründete in den 1930er-Jahren gemeinsam mit dem Deutschen Walter Spies und dem Holländer Rudolf Bonnet die berühmte Pita-Maha-Schule für Malerei und hielt auch später die Türen offen für westliche Künstler und Intellektuelle, was der lokalen Kunstszene bis heute zu außergewöhnlicher Bedeutung verhalf.

Eine neuere Entwicklung ist der spirituelle Tourismus: An jeder Ecke werden Yoga- und Meditationskurse angeboten, die Verpflegung mit Biolebensmitteln ist inzwischen selbstverständlich. Einmal im Jahr beim **INSIDER TIPP** *Bali Spirit Festival (www.balispiritfestival.com)* verwandelt sich Ubud in ein internationales Yogacamp mit viel Tanz und Musik.

Heute umfasst Ubud längst auch die Nachbarorte von *Campuan* bis *Tebesaya*. An der langen *Monkey Forest Road* drängen sich Läden, Restaurants und Hotels dicht aneinander, und der Verkehr wirkt trotz der Enge großstädtisch. Nicht weit entfernt jedoch stoßen Spaziergänger auf üppige Reisfelder, reißende Flüsse und Wälder, bei denen Naturfreunden das Herz aufgeht.

> **CITY WOHIN ZUERST?**
> **Kreuzung vor dem Ubud Palace:** Dies ist der Mittelpunkt Ubuds, hier liegen auch der Markt und die zentrale Touristeninformation. In den Süden führt die Monkey Forest Road an unzähligen Boutiquen und Cafés vorbei bis zum Affenwald. Folgen Sie der Jl. Ubud Raya in den Westen, gelangen Sie nach 100 m zum Puri Lukisan, nach etwa 800 m zum Blanco-Museum und nach einem weiteren Kilometer zum Neka-Museum.

SEHENSWERTES

AGUNG RAI MUSEUM OF ART (ARMA)

Das um einen schönen Park angelegte Museum zeigt balinesische Künstler, Werke von Spies, Bonnet, Le Mayeur und dem berühmten javanischen Maler Affandi. Schönes Café und ● Kursangebote für Touristen. *Tgl. 9–18 Uhr | Eintritt 40 000 Rp. | Jl. Pengosekan | www.armabali.com*

THE BLANCO MUSEUM

Die exzentrischen Bilder des 1999 verstorbenen spanisch-philippinischen Malers Antonio Blanco sind in seinem palastartigen Privatanwesen zu besichtigen. Wie in seiner Kunst sind in dessen Architektur und Einrichtung europäische und balinesische Elemente eingeflossen. *Tgl. 9–17 Uhr | Eintritt 50 000 Rp. | Jl. Raya*

Campuan (direkt hinter der Brücke) | www.blancomuseum.com

GALERIEN ●

Die *Komaneka Gallery (Monkey Forest Road | gallery.komaneka.com)* und die *Tony Raka Art Gallery (Jl. Raya Mas | www.tonyrakaartgallery.com)* stellen vor allem moderne Künstler aus Bali und Java aus. Die *Seniwati Gallery (Jl. Sriwedari 2 B | www.seniwatigallery.com)* fördert dagegen balinesische Künstlerinnen. Indonesische und internationale zeitgenössische Kunst gibt es bei *Gaya Fusion (Jl. Raya Sayan | www.gayafusion.com)* und in der *Sika Gallery (Jl. Raya Campuan | www.sikagallery.com)* zu sehen – und zu erstehen.

MONKEY FOREST

In einem heiligen Wald leben rund 300 langschwänzige Affen, die von den Besuchern frech Erdnüsse oder anderes Futter fordern. Drei Tempel finden sich hier: ein kleiner Badetempel, ein Kremationstempel *(Pura Prajapati)* sowie der größere *Pura Dalem Agung*, der von sieben Hexenfiguren bewacht wird. Im Tor zum Innenhof ruht eine schlangenumwundene, steinerne Riesenschildkröte. *Tgl. 8–18 Uhr | Eintritt 20 000 Rp. | www.monkeyforestubud.com*

NEKA ART MUSEUM

Die Sammlung des Kunstmäzens Suteja Neka gibt einen guten Einblick in die moderne balinesische Kunst vom 20. Jh. bis heute; darunter finden sich auch Werke der Holländer Rudolf Bonnet und Arie Smit. *Tgl. 9–17 Uhr | Eintritt 50 000 Rp. | Jl. Raya Sanggingan | Campuan | www.museumneka.com*

PURI LUKISAN

Eine Brücke führt in den üppig grünen Park dieses „Gemäldepalasts", der 1953 eröffnet wurde. In mehreren Gebäuden sind Werke im alten *Wayang*-Stil sowie der Young Artists und der Pita-Maha-Schule von Rudolf Bonnet und Walter Spies zu sehen. Außerdem Arbeiten kon-

Zeitgenössische balinesische Malerei präsentiert das Neka Art Museum

temporärer balinesischer Künstler, auch des berühmten I Gusti Nyoman Lempad. *Tgl. 9–17 Uhr | Eintritt 50 000 Rp. | Jl. Raya Ubud | www.mpl-ubud.com*

PURI SAREN (UBUD PALACE)

An der zentralen Kreuzung des Orts steht der Palast von Ubud, in dem heute noch die Nachfahren des letzten Königs wohnen. Im gepflegten Garten sind mehrere schön verzierte Bauten aus dem 19. Jh. zu besichtigen. Abends Tanzaufführungen im Haupthof. *Tgl. 8–18, Performance tgl. 19.30 Uhr | Eintritt frei, Tanz 80 000 Rp.*

UBUD

Exotische Früchte in Hülle und Fülle bieten Ubuds Märkte

ESSEN & TRINKEN

ALCHEMY
Raw Food nicht nur für Veganer. Große Auswahl an Salaten, Säften und Desserts. *Jl. Penestanan Kelod (hinter Blanco-Museum abbiegen) | Tel. 0361 97 19 81 | €€*

IBU OKA
Schlichtes *warung*, in dem es Balis berühmtestes *babi guling* (Spanferkel) gibt. *Jl. Tegal Sari 2 (gegenüber Ubud Palace) | Tel. 0361 97 63 45 | €*

KAFE@BALISPIRIT
Biocafé mit großer Frühstückskarte, leckeren Kuchen und Salaten sowie Yogakursen. Originelle Einrichtung aus Recyclingmaterialien. *Jl. Hanoman 44 B | Tel. 0361 7 80 38 02 | €€*

MELTING WOK WARUNG
In schlichtem Ambiente verwöhnt Sie ein französisch-laotisches Paar mit köstlichen südostasiatischen Gerichten zu günstigen Preisen. *Jl. Gootama 13 | Tel. 0821 53 66 60 87 | €€*

MOZAIC
Eines der besten Restaurants auf Bali: Küchenchef Chris Salans hat zuvor in New York gekocht und zaubert allabendlich ungewöhnliche mehrgängige Menüs. *Jl. Raya Sanggingan | Campuan | Tel. 0361 97 57 68 | €€€*

INSIDER TIPP SARI ORGANIK BODAG MALIAH
Mitten in den Reisfeldern der Permakulturfarm Sari Organik werden frisch gepresste Säfte und knackige Salate serviert. 20 Min. Fußweg vom Zentrum; Abholservice. *Subak Sok Wayah | Tel. 0361 97 20 87 | €€*

TUT MAK
Populäres Restaurant mit mediterranen Gerichten, leckeren Lunch-Specials

BALI

und dem besten Kaffee am Ort. *Jl. Dewi Sita (neben dem Fußballfeld) | Tel. 0361 975754 | €€*

EINKAUFEN

Ubud ist reich an Boutiquen und Souvenirshops. Auf dem *Pasar Ubud (Kreuzung Jl. Raya Ubud/Monkey Forest Road)* können Sie täglich alles kaufen – von Lebensmitteln bis zu Souvenirs. Verhandlungsgeschick ist gefragt. Samstags findet vor *Pizza Bagus (10–14 Uhr | Jl. Raya Pengosekan)* ein 🌱 Biobauernmarkt statt.
Rund um Ubud gibt es zahlreiche Kunsthandwerksdörfer: *Mas* ist bekannt für seine Holzschnitzer, *Penestanan* für seine Malerei und *Peliatan* für Schattenspielpuppen. Etwas weiter weg, in *Batubulan*, werkeln die besten Steinmetze, und in *Celuk* können Sie günstig Silberartikel erwerben.

BALI BUDDHA 🌱

Populärer Bioladen mit eigener Bäckerei, Café und Lieferservice. *Jl. Jembawan 1*

STUDIO PERAK

Origineller Silberschmuck zu günstigen Preisen, die Besitzer geben auch Kurse im Silberschmieden. *Jl. Hanoman | www.studioperak.com*

THREADS OF LIFE

Das Indonesian Textile Art Center fördert und verkauft traditionelle Webkunst aus verschiedenen Landesteilen. *Jl. Kajeng 24 | www.threadsoflife.com*

UTAMA SPICE 🌱

Biotee und Naturkosmetikprodukte, die nach alten balinesischen Rezepten hergestellt werden. *Jl. Monkey Forest | www.utamaspicebali.com*

FREIZEIT & SPORT

Ubud ist ideal für Entdeckungstouren in die Umgebung: Reisfeldwanderungen und Fahrradtouren organisiert *Bali Budaya Tours (Tel. 0361 975557 | www.baliecocycling.com)*. Legendär sind die Vogelwanderungen mit dem Ornithologen *Victor Mason (Tel. 0361 975009 | www.balibirdwalk.com)*, sehr interessant auch die Heilkräuter-Spaziergänge *(Herbal Walks | Tel. 0812 3816024 | baliherbalwalk.com)*.
Wellness gehört in Ubud einfach dazu: Vielseitige Spabehandlungen zu günstigen Preisen gibt's im *Sang Spa I und III (Jl. Jembawan 29b und Jl. Monkey Forest | Tel. 0361 8631816 und 9277333)*, Dschungelpanorama und einen ganzheitlichen Ansatz bietet 🌱 *Taksu (Jl. Gootama Se-*

VULKANE

In Indonesien gibt es 128 aktive Vulkane, von denen 65 als gefährlich gelten. Die mehr als 17000 Inseln des Archipels liegen wie an einer Kette aufgereiht genau auf dem „Pazifischen Feuerring", an dem drei tektonische Platten zusammenstoßen, was häufig zu Erdbeben führt. Der verloschen geglaubte Gunung Agung, mit 3142 m der höchste Berg Balis, brach zuletzt 1963 aus und riss mehr als tausend Menschen in den Tod. Auch der kleinere Gunung Batur ist noch aktiv. Der Gunung Rinjani auf Lombok ist mit 3726 m der zweithöchste Vulkan des Lands. Bei seinem letzten Ausbruch 1994 wurde niemand verletzt.

UBUD

latan 35 | Tel. 0361 97 14 90 | www.taksuspa.com). Yoga- und Meditationskurse werden überall angeboten, empfehlenswert ist *Yoga Barn (Jl. Pengosekan | Padang Tegal | Tel. 0361 97 12 36 | www.theyogabarn.com)* oder das kleine Yoga- und Meditationszentrum ● *White Lotus (Jl. Kajeng 23 | Tel. 0899 0 13 49 62 | sandeh-goeb@hotmail.com):* Hier können Sie ganz ohne Gruppenzwang private Yogaferien verbringen. Interessante Kurse für balinesischen Tanz, Gamelan oder Kunsthandwerk bieten das ● *ARMA Museum (s. Sehenswertes, Tel. 0361 97 66 59)* oder *Bali Spirit (Jl. Hanoman | Tel. 0361 97 09 92 | www.balispirit.com).* Jeden Abend finden in und um Ubud traditionelle Tanz- und Musikaufführungen statt, das Programm erhalten Sie bei der *Ubud Tourist Information*.

AM ABEND

JAZZ CAFE
Allabendlich spielen Livebands Jazz, Latin oder Soul. *Di–So 17–24 Uhr | Jl. Sukma 2 | Tel. 0361 97 65 94*

LAUGHING BUDDHA BAR
Exotische Cocktails, großartige Livebands und eine tolle Atmosphäre. *Di–So 16–24 Uhr | Jl. Monkey Forest (gegenüber Cafe Wayan) | Tel. 0361 97 09 28*

XL SHISHA LOUNGE
Wasserpfeifen und Bauchtänzerinnen im nahöstlichen Dekor, abends Livemusik. *Tgl. 15–2 Uhr | Jl. Monkey Forest (hinter dem Fußballplatz) | Tel. 0361 97 57 51*

ÜBERNACHTEN

ALAM INDAH ☘
Helle Zimmer im Bali-Stil mit Blick auf die Schlucht des Wos-Flusses. Pool, Spa und schöner Garten. *10 Zi. | Nyuhkuning | Tel. 0361 97 46 29 | www.alamindahbali.com | €€*

GUCI GUESTHOUSE
Ruhig gelegenes Künstler-Homestay mit großen Bungalows in schönem Garten, Doppelhaus mit Küche für Familien, sehr freundlich. *5 Zi. | Jl. Raya Pengosekan | Tel. 0361 97 59 75 | www.guci-bali.com | €*

Pulsierend und mitunter auch mondän ist das Nachtleben in Ubud

BALI

KAJANE 🌿
Das luxuriöse, sehr schön angelegte Villenresort mit Pool, Naturspa und Biorestaurant liegt mitten im Zentrum. *40 Zi., 8 Villen | Jl. Monkey Forest | Tel. 0361 97 28 77 | www.kajane.com | €€€*

KENANGA BOUTIQUE HOTEL 🌿
Schickes Designhotel mit tollem Blick über Reisterrassen außerhalb von Ubud. Restaurant, Riesenpool und Spa, in dem Sie mit selbst hergestellten Naturprodukten behandelt werden. *15 Zi. | Jl. Lungsiakan | Tel. 0361 8 98 97 00 | www.kenangaubud.com | €€€*

KETUT'S PLACE
Familienhotel mit schönem Garten, der sich bis in eine Schlucht zieht, Pool, Spa. Auf Bestellung zaubern die Besitzer ein köstliches balinesisches Buffet. *17 Zi. | Jl. Suweta 40 | Tel. 0361 97 53 04 | www.ketutsplace.com | €–€€*

INSIDER TIPP ▶ VILLA PECATU
Gleich neben einem Reisfeld liegen fünf modern eingerichtete Apartments, jedes mit großer Terrasse und eigener Küche. *Jl. Pengosekan (gegenüber Panorama Hotel) | Tel. 0361 97 13 83 | www.geocities.jp/villapecatupengosekan | €€*

TJAMPUHAN HOTEL
Das ehemalige Haus des Malers Walter Spies ist Teil des traditionsreichen, eleganten Hotels, zu dem auch zwei Pools und ein Spa gehören. Mit Ausblick auf eine Schlucht. *67 Zi. | Jl. Raya Campuan | Tel. 0361 97 53 68 | www.tjampuhan-bali.com | €€€*

UBUD SARI HEALTH RESORT 🌿
Zu diesem Wellnessresort gehören 15 traditionelle Bungalows in einem herrlich angelegten Garten, Pool, Natur-Spa und Biorestaurant. Detoxbehandlungen. *Jl. Kajeng 35 | Tel. 0361 97 43 93 | www.ubudsari.com | €€*

AUSKUNFT

UBUD TOURIST INFORMATION
Jl. Raya Ubud (gegenüber Ubud Palace) | Tel. 0361 97 32 85

ZIELE IN DER UMGEBUNG

GOA GAJAH (135 D2) (*K5*)
Steile Stufen führen 2 km südöstlich von Ubud zur sogenannten Elefantenhöhle aus dem 9. Jh. Durch das Maul eines Dämons betritt man das Innere mit einer Statue des Gotts Ganesha – halb Mensch,

LOW BUDGET

▶ Beim *Bali Arts Festival* (Juni/Juli) in Denpasar sind die Tanz- und Musikvorführungen meist gratis und noch dazu vielfältiger als auf den Touristenbühnen.

▶ Exzellente Massagen ohne Schnickschnack gibt es ab 150 000 Rp. (90 Min.) im *Cozy Spa (Jl. Sunset Blok A3 | Legian | Tel. 0361 76 67 62)* in Seminyak.

▶ ● Anstatt bei jeder Tempelbesichtigung eine Leihgebühr für *sarong* und Schärpe zu bezahlen, besorgen Sie sich zu Anfang des Urlaubs ein günstiges Wickeltuch, das Sie immer dabeihaben.

▶ Wer mehrmals mit den Shuttle-Bussen von *Perama Tours (www.peramatour.com)* fährt, erhält bei Vorlage der alten Tickets einen Rabatt.

UBUD

Alltag am Kratersee vor dem imposanten Massiv des Gunung Batur

halb Elefant. Holländer stießen 1923 auf die Höhle, rund 30 Jahre später wurden die heilige Quelle und die beiden rechteckigen Badeplätze davor wiederentdeckt. Um den Reisegruppen zu entgehen, sollten Sie möglichst früh kommen. *Tgl. 8–17 Uhr | Eintritt 15 000 Rp.*

GUNUNG BATUR ★ ☼
(132 A–B 2–3) (*M L2–3*)
Um den Sonnenaufgang auf dem Gipfel des Gunung Batur (1717 m, 45 km nordöstlich) zu erleben, heißt es früh aufstehen und im Dunkeln rund zwei Stunden lang einen steinigen Pfad erklimmen – doch es lohnt sich: Der Blick über die Vulkanlandschaft ist atemberaubend. Es gibt diverse Routen, Touren bieten z. B. *Bali Budaya Tours (Tel. 0361 97 55 57 | www.baliecocycling.com).*
Weniger anstrengend, aber nicht minder beeindruckend ist der Blick von ☼ *Penelokan* (ca. 30 km nördlich von Ubud) aus. Der Kratersee *Danau Batur* ist mit 8 km Länge der größte See Balis und nimmt etwa ein Drittel der inneren Caldera ein, die 500 m unterhalb des Kraterrands liegt. Der Tempel *Pura Ulun Danu Batur* ist der Seegöttin geweiht und wurde nach einem Erdbeben 1926 vom Nordufer an eine höhere Stelle versetzt.
Auf der Ostseite des Sees liegt das Bali-Aga-Dorf *Trunyan,* das von Kedisan per Boot zu erreichen ist. Die Einwohner bestatten ihre Verstorbenen nicht, sondern bahren sie auf einem Friedhof unter Bambusgestellen auf. Fremden gegenüber sind sie misstrauisch, daher ist ein Besuch nur mit einem guten Führer ratsam.

GUNUNG KAWI ☼ (135 E1) (*M K4*)
Eine lange, in den Felsen gehauene Treppe führt in ein fruchtbares Tal 20 km nördlich von Ubud. Hier finden sich neun 7 m hohe Felsennischen mit gemeißelten Schreinen, die vermutlich aus dem 11. Jh. stammen. Dahinter werden die Gräber des Königs Anak Wungsu und seiner Familie vermutet. Der Legende nach kratzte sie der Riese Kebo Iwa aus dem Felsen. Eine zehnte Statue steht weiter

BALI

unten auf der anderen Seite des Flusses, an der auch ein ehemaliges buddhistisches Kloster liegt. *Tgl. 8–17 Uhr | Eintritt 15 000 Rp.*

PEJENG (125 D2) (*M K5*)

Im alten Zentrum des Pejeng-Reichs, 3 km östlich von Ubud, liegt genau in der Mitte Balis der *Pura Pusering Jagat* („Tempel am Nabel der Welt"), einer der sechs heiligsten Tempel, in dem vor allem junge Paare um Nachwuchs beten. 300 m weiter steht im *Pura Penataran Sasih* der „Mond von Pejeng", die größte Bronzetrommel der Welt und wichtigster Fund der indonesischen Bronzezeit. Im nahen archäologischen Museum *Gedung Arca Museum Arkeologi (Sa–Do 8–15, Fr 8–12 Uhr | Eintritt frei)* sind über 2000 Jahre alte Artefakte zu sehen, schräg gegenüber der *Pura Kebo Edan*, der „Tempel des verrückten Wasserbüffels", bekannt wegen einer 3,60 m hohen Shiva-Statue.

Die Nachkommen des Königs betreiben heute im alten Palast *Puri Pejeng* zur Unterstützung des Dorfs eine Batikmanufaktur (INSIDER TIPP *BISA Organic Batik* | Tel. 0813 37 33 09 44 | www.indigobatik.com). Die dafür benötigten Farben werden im eigenen Garten hergestellt.

TIRTA EMPUL (135 E1) (*M K4*)

Seit mehr als 1000 Jahren pilgern die Balinesen zu den heiligen Quellen (25 km nördlich von Ubud), denen der Hindu-Gott Indra magische Kräfte verliehen haben soll. In der Mitte des Tempelkomplexes sprudelt das klare Wasser aus zwölf gemeißelten Speiern in das Hauptbecken, weiter unten liegen zwei kleinere Badepools. *Tgl. 8–17 Uhr | Eintritt 15 000 Rp.*

YEH PULU (135 D2) (*M K5*)

An einem Bach entlang führt ein Pfad zu den *Felsenreliefs* an einer heiligen Quelle 2 km östlich von Ubud. Die Reliefs aus dem 14. Jh. wurden 1925 entdeckt, über ihre Bedeutung wird gerätselt. *Tgl. 8–17 Uhr | Eintritt 15 000 Rp.*

Gunung Kawi: Tempelanlage und Grabstätte mitten im Dschungel

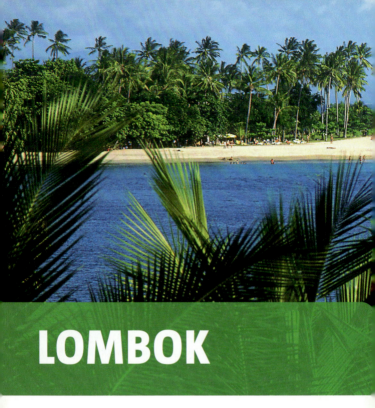

LOMBOK

Lange lag Lombok im Schatten der Nachbarinsel Bali, doch in den vergangenen Jahren interessieren sich immer mehr Touristen für eine der vielfältigsten Inseln Indonesiens: Hier treffen Islam und Hinduismus, Tradition und Moderne, tropischer Regenwald und austronesische Savanne aufeinander.

Beherrscht wird Lombok (indonesisch für „Chili") vom mächtigen Massiv des 3726 m hohen Vulkans Rinjani, das die nördliche Hälfte der Insel einnimmt. Hier ziehen sich fruchtbare Reisterrassen, Palmenhaine und von Affen und anderen Wildtieren bevölkerte Wälder die steilen Hänge hinauf. Der riesige Kratersee ist den muslimischen Sasak, den Ureinwohnern Lomboks, wie den balinesischen Hindus heilig und eine der Hauptattraktionen für Touristen. Im kargen Süden verbergen sich vor einer hügeligen Savannenlandschaft zwischen Klippen malerische Buchten und Korallenriffe, die für Surfer und Taucher perfekte Bedingungen bieten. Ihre überwältigende biologische Vielfalt hat die 4725 km² große Insel der Wallace Line zu verdanken: In dem 40 km breiten und bis zu 3000 m tiefen Meeresgraben zwischen Lombok und Bali verlief die Grenze zwischen dem asiatischen und dem australischen Urkontinent. Über Jahrtausende haben sich hier Flora und Fauna Südostasiens mit der Austronesiens gemischt.

Lombok ist ursprünglicher, natürlicher als Bali, aber auch harscher. Die mehr als 3 Mio. Einwohner leben hauptsächlich von der Landwirtschaft, nur der Westen

Bild: Strand von Senggigi

Insel der Vielfalt: Üppige Natur und kulturelle Gegensätze machen Lombok zu einem faszinierenden Reiseziel für Entdecker

der Insel ist bislang wirklich gut touristisch erschlossen. Die Sasak sind strenggläubige Muslime, die außerhalb der Touristenorte nicht viel Verständnis für knappe Bekleidung oder Alkoholgenuss aufbringen. Vor allem im Osten werden die Dörfer von überdimensionalen Moscheen beherrscht. Nichtsdestotrotz finden sich hinduistische und animistische Bräuche im hier ausgeübten Islam – besonders bei den Anhängern des Wetu-Telu-Glaubens („drei Elemente") im Norden der Insel, die sich als Nachfolger des ersten Islampredigers auf Lombok sehen. Sie beten nur dreimal am Tag und fasten im Ramadan lediglich drei Tage. Aus Angst vor Diskriminierung bekennen sich jedoch nur wenige Anhänger offen zu ihrem Glauben. Im Westen lebt eine hinduistische Minderheit, Nachkommen balinesischer Herrscher, die im 17. Jh. Lombok eroberten und Ende des 19. Jhs. von den Holländern wieder vertrieben wurden. Einige Tempel und Paläste um die Hauptstadt Mataram zeugen von dieser Zeit.

KUTA

Vor der Küste Kutas wird wie ehedem auf Auslegerbooten gefischt

Lange galt Lombok als Geheimtipp. Doch spätestens seit der Eröffnung des neuen internationalen Flughafens nur wenige Kilometer nördlich von Kuta rollt eine neue Touristenwelle über die Insel, angefeuert von der Regierungskampagne „Visit Lombok Sumbawa". In Senggigi sind bereits zahlreiche neue Villenanlagen und Resorts entstanden. Der Fokus der Investoren liegt jedoch auf dem bislang eher unberührten Süden der Insel: Vor allem rund um Kuta sind zahlreiche Großprojekte geplant, u. a. das Mandalika Resorts Project, das sich 7,5 km lang von Kuta bis Gerupuk ziehen soll. Trotzdem bleibt Lombok mit seinem riesigen Bergmassiv, unzähligen Buchten und Dutzenden weniger bekannten Gilis („Inselchen") weiterhin ein Paradies für Entdeckungsreisen.

KUTA

(136 C5) (*M R9*) Dieses kleine Fischerdorf an der Südküste Lomboks ist – anders als der gleichnamige Ort auf Bali – sehr ruhig.

Wenn die Krabbenfischer in der Dämmerung mit ihren Netzen losziehen, tauchen ihre Lampen die ganze Bucht in romantisches Licht. Die Restaurants und Pensionen, die sich an der Hauptstraße aneinanderreihen, sind allesamt sehr einfach, die bislang einzige Luxusunterkunft befindet sich 3 km außerhalb. Das wird sich voraussichtlich bald ändern, da seit der Eröffnung des internationalen Flughafens nur 25 km nördlich von Kuta zahlreiche Investoren Bauprojekte angekündigt haben. Bislang kommen

LOMBOK

vor allem Backpacker und Surfer nach Kuta – dem besten Ausgangspunkt, um die spektakuläre ⭐ *Südküste Lomboks* zu erkunden: Über wilde Hügel und raue Klippen windet sich die Küstenstraße, um den Blick auf immer noch schönere Buchten und noch einsamere Strände zu eröffnen.

Außer Mopedfahrern sind hier nur Bauern mit Büffelkarren unterwegs, die zum Teil noch in traditionellen Sasakdörfern, wie *Rambitan* und *Sade* im Süden leben. Zum Vollmond im Februar/März kommen sie an Kutas Stränden zum Bau-Nyale-Fest zusammen, um zwischen den Korallen Nyale-Würmer zu fangen, die sie rösten und verspeisen. Bei diesem Fruchtbarkeitsritual wird viel geflirtet.

ESSEN & TRINKEN

Die meisten Unterkünfte verfügen über ein Café oder Restaurant.

ASHTARI ●
Das gemütliche, vegetarische Restaurant im orientalischen Stil liegt auf einem Hügel westlich von Kuta und bietet einen fantastischen Blick auf die Bucht. *Nur tagsüber geöffnet | Jl. Raya Kuta-Mawun | Tel. 0817 5 78 75 02 | €*

FULL MOON CAFE
In schlichten Bambushütten direkt am Strand gibt es leckeres Seafood und frische Säfte. *Am östlichen Ende der Jl. Raya Pantai Kuta | Tel. 0818 03 63 41 71 | €*

FREIZEIT & SPORT

Wer länger in Kuta bleibt, will meist surfen. Die bekanntesten Surfbuchten sind *Mawi* im Westen sowie *Gerupuk* und *Tanjung Aan* im Osten. Ausrüstung, Kurse und Touren auch zu entfernteren Surfspots organisiert *Kimen Surf (Jl. Raya Kuta | Mawun | Tel. 0370 6 15 50 64 | kimensurf@kuta-lombok.net)*. Tauchkurse und Touren zu den wenig besuchten, aber spektakulären Tauchspots im Süden Lomboks bietet das deutsche Team von *Divezone (Jl. Raya Kuta | Tel. 0370 6 60 32 05 | www.divezone-lombok.com)*.

STRÄNDE

Kutas Strand selbst lädt wegen der vielen lokalen Aktivitäten nicht so sehr zum Baden ein. Ein idealer Badestrand

MARCO POLO HIGHLIGHTS

⭐ **Südküste Lomboks**
Malerische Buchten mit weißen Sandstränden → S. 77

⭐ **Rambitan und Sade**
Ein Dorfbesuch erlaubt Einblicke in die Lebensweise von Lomboks Ureinwohnern → S. 79

⭐ **Tetebatu**
Natur und Ruhe zwischen Reisfeldern, Obstgärten und Wasserfällen → S. 82

⭐ **Sekotong**
Taucherparadies zwischen winzigen Inselchen → S. 83

⭐ **Gunung Rinjani**
Der mächtige Vulkan, der fast die Hälfte der Insel bedeckt, zieht mit seiner faszinierenden Landschaft nicht nur Bergsteiger an → S. 85

⭐ **Banyumulek und Sukarara**
Die beiden Orte sind bekannte Handwerkshochburgen – und bieten gute Einkaufsgelegenheiten → S. 89

KUTA

dagegen liegt in der wunderschön geschwungen Bucht von *Mawun*, 10 km westlich von Kuta. Folgt man der Straße weiter in den Westen, kommt man vorbei am Surfstrand *Mawi* zur Bucht von INSIDER TIPP *Selong Belanak*, die zum Sonnenuntergang ein atemberaubendes Klippenpanorama bietet. Wer dieses länger genießen will, kann in den sehr schönen *Sempiak Villas (3 Villen | 0821 7 44 30 33 37 | www.sempiakvillas.com | €€)* übernachten – oder einfach im dazugehörigen *Laut Biru Cafe* lecker speisen. Etwa 7 km östlich von Kuta liegt *Tanjung Aan*, dessen geschützter Sandstrand auch ideal zum Baden und Schnorcheln ist. Noch einmal 3 km weiter östlich stößt man auf die bei Surfern beliebte *Gerupuk-Bucht*.

ÜBERNACHTEN

KUTA PARADISE
Sechs schlichte, moderne Bungalows um einen Pool, einfaches Restaurant. Am östlichen Ende der Hauptstraße. *Jl. Pariwisata Pantai Kuta | Tel. 0370 65 48 49 | €*

NOVOTEL LOMBOK
Das Luxusresort im Sasak-Stil liegt 3 km östlich vom Dorf und unterstützt diverse Umweltprojekte. Zwei Pools, Spa, Restaurant, Kinder- und Freizeitprogramm, alles direkt am Traumstrand. *102 Zi. | Pantai Putri Nyale | Tel. 0370 6 15 33 33 | www.novotel-lombok.com | €€€*

SURFER'S INN
Ausgefallene Bungalowanlage um einen schicken Pool, sehr sauber. *25 Zi. | Jl. Raya Pantai Kuta | Tel. 0370 6 15 55 82 | www.lombok-surfersinn.com | €*

INSIDER TIPP YULI'S HOMESTAY
Blitzsaubere, kinderfreundliche Anlage mit acht Bungalows und zwei Pools im schönen Garten und Gemeinschaftsküche. Sehr nette Gastgeber. *Mitten im Dorf, nördlich der Hauptkreuzung | Tel. 0819 17 10 09 83 | www.yulishomestay.com | €*

Typisch für die Sasak-Architektur sind die tief heruntergezogenen, mit Gras gedeckten Dächer

www.marcopolo.de/bali-lombok-gilis

LOMBOK

ZIELE IN DER UMGEBUNG

EKAS BAY ☘ (137 D–E5) (*m S9*)

Die Bucht im Südosten Lomboks ist kaum touristisch erschlossen, bietet aber einige der besten Surf-, Tauch- und Schnorchelspots der ganzen Insel. Von Kuta aus fährt man ca. 25 km bis zum Fischerdorf Awang, um von dort mit einem Boot zur anderen Seite überzusetzen. Wer länger bleiben möchte, kann sich in dem spektakulär auf den Klippen gelegenen Eco-Resort 😊 **INSIDER TIPP** *Heaven on the Planet (5 Chalets | Tel. 0812 37 97 48 46 | www.oceanheaven.co.nz | €€)* einmieten. Alternativ führt eine holperige Straße in den Osten.

RAMBITAN UND SADE ★
(137 D5) (*m R–S9*)

6 km nördlich von Kuta liegen die traditionellen Sasakdörfer Rambitan und Sade. Die Häuser sind aus Lehm und Holz gebaut und mit Gras gedeckt, dazwischen stehen Reisspeicher *(lumbung)* mit ihren tief heruntergezogenen, bauchigen Dächern aus Palmblättern, die für unzählige Bungalowresorts Modell standen. Obwohl die Dörfer heute bestens auf Touristen eingestellt sind, ist der Einblick in das traditionelle Dorfleben sehr interessant. Dabei sollten Sie sich aber nicht allzu viel Geld für Souvenirs und Führer abknöpfen lassen, in der Regel genügt eine einmalige Spende am Dorfeingang.

MATARAM

(136 B3) (*m Q7*) **Die Hauptstadt Lomboks ist eigentlich ein Konglomerat aus vier Städten, die nun nahtlos ineinander übergehen und gemeinsam eine halbe Million Einwohner haben: die alte Hafenstadt Ampenan, das chinesisch geprägte Cakranegara, das Marktstädt-**

🏙 WOHIN ZUERST?
Mataram Mall: Von der Mall in der Jl. Pejanggik erreichen Sie nach 200 m in östlicher Richtung die Rinjani Weberei auf der anderen Straßenseite. Biegen Sie links ab, kommen Sie nach etwa 500 m zum Sindhu-Markt. Laufen Sie stattdessen geradeaus weiter, gelangen Sie zum Pura Meru und Mayura Wasserpalast (Jl. Selaparang). Von hier fahren Busse bis zum Mandalika-Markt am Sweta Busterminal.

chen Sweta und Mataram selbst – eine ehemalige Königstadt, die heute von Regierungs- und Bürogebäuden dominiert wird.

Einige Tempel und Paläste zeugen noch von der großen Vergangenheit. *Mataram* und *Cakranegara* bilden mit ihren Business- und Einkaufszentren den geschäftigen Mittelpunkt der Insel. Der ehemalige holländische Handelshafen *Ampenan* wird heute vor allem von Fischerbooten genutzt. Von dort führt eine durchgehende Hauptstraße bis nach *Sweta*, in deren Nähe sich alle touristisch interessanten Adressen finden. Die meisten Besucher streifen die Stadt nur im Vorbeifahren – wer jedoch das typische Leben in einer indonesischen Provinzstadt kennenlernen will, sollte einen Ausflug hierher machen.

SEHENSWERTES

MAYURA-WASSERPALAST

Im Jahr 1744 wurde der „schwimmende Pavillon" in der Mitte eines Lotosteichs errichtet. Zur Zeit der balinesischen Herrscher diente er als Gerichtshalle, Ende des 19. Jhs. kämpften die Balinesen hier gegen die Holländer. Leider

MATARAM

wurden die Überreste der Anlage lange nicht gepflegt, erst 2012 gab es eine Renovierung. Interessant sind die architektonische Mischung aus hinduistischen und islamischen Elementen sowie die historische Bedeutung des Orts, die sich Laien jedoch nur mit Führer *(festgelegte Gebühren hängen am Eingang aus)* erschließt. *Tgl. 7–18 Uhr | Eintritt 5000 Rp. | Jl. Selaparang | Cakranegara*

MUSEUM NUSA TENGGARA BARAT ●
Von Hochzeitskleidern über Schattenpuppen bis zu Dolchen: Hier können Sie viel über Kultur und Geschichte der Provinz Nusa Tenggara Barat erfahren, zu der Lombok und Sumbawa gehören. Ein Übersetzer (der Fahrer oder ein lokaler Guide) ist hilfreich. *Di–Do 8–14, Fr 8–11, Sa 8–12.30 Uhr | Eintritt 5000 Rp. | Jl. Panji Tilar Negara 6 | Mataram*

LOW BUDG€T

▶ Zwischen dem neuen Flughafen, Mataram und Senggigi ist die Fahrt mit dem *DAMRI-Flughafenbus (25 000 Rp.)* viel billiger als mit dem Taxi *(165 000 Rp)*. Wegen des unzuverlässigen Fahrplans allerdings nur bei Ankunft empfehlenswert.

▶ Souvenirs können Sie in Lomboks *Kunsthandwerksdörfern* deutlich günstiger erwerben als auf den Märkten oder in den Läden.

▶ Wellness ist außer in Senggigi meist auf Spas in großen Hotels beschränkt und dementsprechend teuer. Die meisten Unterkünfte organisieren aber auf Anfrage private Masseure ab 50 000 Rp. die Stunde.

PURA MERU ✻
Ein balinesischer Prinz ließ den größten Hindutempel auf Lombok 1720 errichten, um die Inselbewohner zu vereinen. Der Weg führt durch zwei Vorhöfe in einen Innenhof mit 33 Heiligenschreinen. Drei verschieden hohe, in einer Reihe angeordnete *meru* (Pagoden) sind den hinduistischen Hauptgöttern Shiva, Brahma und Vishnu gewidmet. Richtig voll wird es in der verlassenen Anlage zum Pujawali-Fest, das jedes Jahr zum Vollmond im Oktober stattfindet. *Tgl. 7–18 Uhr | Eintritt gegen Spende | Jl. Selaparang | Cakranegara*

ESSEN & TRINKEN

THE BERUGAQ ☺
Kaffee, Kuchen und Snacks, dazu Kunst von lokalen Künstlern in der dazugehörigen Galerie. Die Erlöse gehen an die „One Heart Foundation", die sich um die Verbesserung der medizinischen Versorgung und Bildung auf Lombok kümmert. *Jl. Adi Sucipto | KP Griya Ellen Indah | Ampenan | Tel. 0370 6 16 26 67 | €*

INSIDER TIPP LESEHAN TALIWANG IRAMA ●
Das Restaurant ist bei den Einheimischen wegen seiner authentischen Sasakküche sehr beliebt, angeblich gibt es hier das beste *Taliwang*-Hühnchen Lomboks. *Jl. Ade Irma Suryiani | Gang Salam 6 | Cakranegara | Tel. 0370 62 31 63 | €*

EINKAUFEN

Viele kleine Antikläden befinden sich in der *Jl. Saleh Sungkar* in Ampenan. Lebensmittel, Kosmetik und Elektrowaren gibt es z. B. in der *Mataram Mall*. Der größte traditionelle Markt Lomboks ist gleich neben dem Mandalika-Busterminal in *Sweta*.

LOMBOK

In der Mataram Mall gibt es keine Luxus-Labels, aber alles für den täglichen Gebrauch

LOMBOK HANDICRAFT CENTER
Textilien, Holzschnitzereien, Keramik und Korbwaren aus Indonesiens Osten. *Jl. Hasanudin | Sayang-Sayang | Lingsar*

TENUN IKAT RINJANI HANDWOVEN
Traditionelle Webstoffe und Kleidung, morgens kann man den Webern bei der Arbeit zusehen. *Jl. Pejanggik 44–46 | Mataram*

ÜBERNACHTEN

HOTEL SANTIKA LOMBOK
Das modernste Businesshotel der Stadt mit Restaurant, Bar, Pool und Fitnesscenter. *123 Zi. | Jl. Pejanggik 32 | Mataram | Tel. 0370 6 17 88 88 | www.santika.com/santika-lombok | €€*

VILLA SAYANG BOUTIQUE RESORT
Umgeben von Reisfeldern mit Blick auf den Rinjani ist das Resort beliebt als Zwischenstopp auf der Reise von den Gilis zum Flughafen. Schöner Pool und Tourservice, das Restaurant serviert Gerichte mit Biozutaten aus dem eigenen Garten. *13 Cottages | Jl. Sonokeling | Lingsar | Mataram | Tel. 0370 6 60 90 22 | www.villasayang-lombok.com | €€*

AUSKUNFT

WEST NUSA TENGGARA TOURISM OFFICE
Jl. Singosari 2 | Mataram | Tel. 0370 63 17 30

ZIELE IN DER UMGEBUNG

PURA LINGSAR (136 C3) (*R7*)
In der großen Tempelanlage, 7 km östlich von Cakranegara, stehen ein Hindutempel und eine Moschee der Wetu-Telu-Anhänger einträchtig nebeneinander. Der Hauptkomplex wurde 1714 erbaut. Sobald die Regenzeit begonnen hat, kommt es hier zum spielerischen ● *Perang Topat* („Krieg der Reispäckchen")

MATARAM

zwischen Hindus und Sasak. *Tgl. 7–18 Uhr | Eintritt gegen Spende*

SURANADI (136 C3) (*m R7*)

Nur 18 km von Mataram entfernt ist dieser kleine Ort wegen seines frischen Klimas ein beliebtes Ausflugsziel. Der *Pura Suranadi* ist der älteste und wichtigste Hindutempel Lomboks. Er soll im 16. Jh. von demselben Hindupriester gegründet worden sein, der auch die sechs heiligsten Tempel Balis erbauen ließ. In der Tempelquelle schwimmen heilige Muränen, der nahe Affenwald bietet eine Flying-Fox-Anlage. Das aus der Kolonialzeit stammende *Hotel Suranadi (26 Zi. | Tel. 0370 6 57 84 10 | www.suranadihotel.com | €)* besitzt einen von kühlem Quellwasser gespeisten Pool *(Eintritt für Nicht-Hotelgäste 10 000 Rp.)*, der am Wochenende sehr voll ist.

TAMAN NARMADA (136 C4) (*m R7*)

11 km östlich von Mataram erstreckt sich der Narmada-Park, den der balinesische König Anak Agung Gede Ngurah 1727 zu Ehren des Gotts Shiva anlegen ließ. Um den Tempel *Pura Kalasa* herum entstand ein Lustgarten, der dem Vulkan Rinjani nachempfunden ist, der große Pool stellt den Kratersee dar. Als der König zu alt wurde, um den Rinjani zu erklimmen, konnte er so weiterhin Opferrituale am geheiligten Wasser durchführen. Die terrassenartigen Gärten und ein öffentliches *Schwimmbecken (Fr geschl. | 5000 Rp.)* machen die weitläufige Anlage zu einem beliebten Wochenendziel für Städter. *Tgl. 7–17.30 Uhr | Eintritt 10 000 Rp.*

TETEBATU ★ ● (137 D3) (*m S7*)

47 km von Mataram entfernt liegt dieses kleine Dorf auf 400 m Höhe inmitten von Reisterrassen, die sich in der Trockenzeit in Tabakfelder verwandeln. Schon zu Kolonialzeiten war der Ort wegen seines Panoramas und erfrischenden Klimas als Ausflugsziel beliebt. Heute kommen vor allem Tagesausflügler und Backpacker hierher, um Wanderungen zu den nahen Wasserfällen *Joben* und *Jukut* zu unternehmen (ca. 2 Std.) oder um Ruhe und

Mannshoch stehen die Tabakstauden auf den Feldern bei Tetebatu

www.marcopolo.de/bali-lombok-gilis

LOMBOK

Entspannung zu finden. Übernachten kann man im *Wisma Soedjono (Tel. 0818 27 99 74 | www.wismasoedjono.com | €)*. Das einfache Gästehaus im Kolonialstil bietet Spaziergänge durch den angrenzenden Affenwald und Obstgärten, in denen auch Kaffee, Kakao, Vanille und Nelken wachsen. 10 km südlich liegt das Handwerkerdorf *Loyok,* das für seine Flechtwaren berühmt ist.

SEKOTONG

(136 B4) (*Q8*) ★ **Im Südwesten Lomboks liegt die bergige Halbinsel, die trotz langjähriger Investitionspläne noch wenig touristisch erschlossen ist.** Eine gewundene Straße führt durch kleine Sasakdörfer die Nordküste entlang, vor der mehr als ein Dutzend überwiegend unbewohnter Inselchen liegen: Die „geheimen" Gilis sind mit ihren weißen Stränden, bunten Korallen und kristallklaren Wasser ein Paradies für Schnorchler und Taucher. Holperig wird es auf dem Weg zur äußersten Westspitze *Bangko-Bangko,* wo die bei Surfern berühmte Desert-Point-Brandung heranrollt. Die einzige zugängliche Bucht im Süden ist *Teluk Mekaki*. In den vergangenen Jahren sind auf Sekotong einige neue Resorts entstanden, mehr sollen kommen. Die Menschen leben traditionell von Landwirtschaft oder Goldschürfen. Auf *Gili Gede* operiert eine Perlenfarm. Es gibt nur wenige Einkaufsmöglichkeiten, der tägliche Markt in *Pelangan* bietet Lebensmittel und Kunsthandwerk.

FREIZEIT & SPORT

Schnorcheltouren organisiert jedes Resort, professionelle Tauchausflüge und Kurse gibt es bei **INSIDER TIPP** *Divezone (Tel. 0819 16 00 14 26 | www.divezone-lombok.com)*. *Desert Point* bei Bangko-Bangko gilt als bester Surfspot Lomboks für Könner – einige Resorts organisieren Trips. Wer die Berge per Fahrrad erkunden will, kann sich an *Mountain Bike Lombok (Tel. 0819 99 09 71 26 | www.mountainbikelombok.com)* wenden.

ÜBERNACHTEN

COCOTINOS 🌿
Schickes Boutiqueresort in einem Palmenhain mit Gili-Panorama, Pool, Spa, Restaurant und Tauchschule, natürliches Baukonzept und Müllrecycling. *23 Zi., 5 Villen | Dusun Pandanan | Sekotong Barat | Tel. 0819 07 97 24 01 | www.cocotinos-sekotong.com | €€*

GILI NANGGU COTTAGES
Einfaches Bungalowresort, das eine ganze Insel für sich hat. Restaurant, Familien- und Sportangebote, Schildkrötenstation. *17 Zi. | Gili Nanggu | Tel. 0370 62 37 83 | www.gilinanggu.com | €*

INSIDER TIPP PEARL BEACH RESORT
Idyllisches Inselresort auf einer ehemaligen Perlenfarm, Restaurantbar, Spa und Tauchschule. *10 Bungalows | Gili Asahan | Tel. 0819 0 72 47 69 | pearlbeach-resort.de | €*

SENARU

(137 D2) (*S6*) **Das 🌿 kleine Dorf am Hang des Rinjani ist malerisch zwischen üppigen Reisterrassen, blühenden Gärten und Palmenhainen eingebettet und ist der wichtigste Ausgangspunkt für Besteigungen des mächtigen Vulkans.** Wer nicht zu einer Mehrtagestour auf den Gipfel aufbrechen will, kann hier in Ruhe die erfrischende Luft und die phantastische Aussicht genießen, klei-

SENARU

nere Ausflüge durch Reisfelder und den Regenwald zu rauschenden Wasserfällen unternehmen oder sich in die traditionelle Lebensweise der Dorfbewohner einführen lassen.

FREIZEIT & SPORT

Die meisten Touristen kommen nach Senaru mit dem Ziel, den Rinjani zu besteigen. Je nach Route dauert die Tour drei bis fünf Tage und sollte auf keinen Fall ohne professionellen Führer unternommen werden. In der Regenzeit ist der Aufstieg meist zu gefährlich – dasselbe gilt, wenn der Vulkan zu aktiv ist. Touren werden zentral vom *Rinjani Trek Centre (Senaru/Senggigi/Sembalun/Mataram | Tel. 0370 641124 | www.lombokrinjanitrek.org)* organisiert, dessen Büro am oberen Ende von Senaru am Eingang zum Nationalpark liegt. Hier sind alle professionellen Trekkingveranstalter registriert, die mit dem Nationalpark und der Dorfverwaltung zusammenarbeiten *(z. B. John's Adventures | Tel. 0817 5 78 80 18 | www.rinjanimaster.com oder Restu By View | Tel. 0817 5 73 77 51 | rinjanirestu@gmail.com)*. Die meisten Unterkünfte in Senaru helfen ihren Gästen gern bei der Tourenorganisation *(Kosten: rund 200 Euro pro Person – je größer die Gruppe, desto billiger)*.

ÜBERNACHTEN

Zu den meisten Unterkünften gehören kleine Restaurants.

HORIZON VILLA

Einfache Ferienvilla mit zwei Schlafzimmern, Wohnzimmer und Veranda mit tollem Blick über das Tal und zum Rinjani, ideal für Familien. *Jl. Raya Senaru (unterhalb der Wasserfälle) | www.horizonsenaru.com | €*

RINJANI LIGHT HOUSE

Ein Holzhaus auf Stelzen kurz vor dem Eingang zum Nationalpark bietet frisches lokales Essen im benachbarten *warung* und unterstützt die Frauenorganisation der Bergführer. *4 Zi., 1 Familiencottage | Jl. Pariwisata Senaru (kurz vorm Eingang zum Nationalpark) | Tel. 0878 64 24 19 41 | rinjanilighthouse@gmail.com | €*

INSIDER TIPP RINJANI MOUNTAIN GARDEN

Auf der östlichen Seite des Tals von Senaru liegt hoch am Hang des Rinjani dieses Eco-Resort mit üppigem Garten, Naturschwimmbecken und allerlei Tieren. Bei köstlicher indonesischer oder europäischer Küche können Sie im Restaurant die phantastische Aussicht über Reisterrassen und Kokosplantagen bis zum Meer hinunter genießen und Trekking- oder Reittouren unternehmen. Wer nicht im Mietzelt übernachten will, kann in einem der sechs hübschen Cottages im Reisspeicherstil wohnen. Der Strom wird durch Wasserkraft gewonnen. *Teres Genit | Bayan | Tel. 0818 56 97 30 | rinjanigarden@hotmail.de | €*

ZIELE IN DER UMGEBUNG

BAYAN (137 D2) (*M S6*)

6 km nördlich von Senaru liegt der Hauptort der Wetu-Telu-Anhänger: Hier steht die mit 300 Jahren älteste Moschee der Insel, erbaut aus Bambus und Lehm. Die Bewohner Bayans verstehen sich als direkte Nachfahren des Heiligen, der den Islam im 16. Jh. auf die Insel gebracht haben soll, und pflegen bis heute eine Mischung aus animistischen, hinduistischen und islamischen Traditionen. Gegen eine kleine Spende erzählt der Hüter der Moschee gern die Geschichte des Orts. Sie müssen hier allerdings auf die Übersetzungsdienste Ihres Fahrers zurückgreifen.

LOMBOK

Im Krater des Gunung Rinjani leuchtet türkis der heilige See Segara Anak

DUSUN SENARU UND SEGENTER
(137 D1–2) (S6)

Am oberen Ende des modernen Orts liegt das ursprüngliche Dorf *Senaru:* Hier leben die Menschen wie vor Jahrhunderten gemeinschaftlich in Bambushäusern mit Lehmboden. Baustil, Sprache und Traditionen unterscheiden sich von den Sasak im Süden. Gegen eine Spende am Dorfeingang werden Besucher mit der traditionellen Lebensweise bekannt gemacht. Etwa 12 km nördlich auf dem Weg nach Senggigi stößt man auf einen Wegweiser nach *Segenter,* einem weiteren komplett erhaltenen Sasakdorf.

GUNUNG RINJANI ★
(137 D–E2) (R–T 6–7)

Der Rinjani ist mit 3726 m der zweithöchste Vulkan Indonesiens, sein mächtiges Massiv bedeckt etwa die Hälfte Lomboks. In seinem riesigen Krater liegt der bis zu 6 km breite, sichelförmige See *Segara Anak* („Kind des Meeres"), der sowohl den Sasak als auch den Hindus auf Lombok heilig ist. Daneben erhebt sich der aktive *Gunung Baru,* der nach einem gewaltigen Ausbruch des Muttervulkans entstand. Bei seiner letzten Eruption 2010 wurde niemand verletzt. Der ● *Rinjani-Nationalpark (Eintritt 150 000 Rp.)* erstreckt sich über 41 000 ha üppigen Regenwalds und bizarrer Vulkanlandschaft und beheimatet eine einzigartige Flora und Fauna: Wildschweine, Zwerghirsche, Riesenechsen sowie seltene Vögel, Schmetterlinge und Pflanzen. Beim Aufstieg von Senaru kommt man an Höhlen und heißen Quellen vorbei, denen die Einheimischen magische Kräfte nachsagen. Ein weiterer Zugang zum Nationalpark befindet sich in Sembalun Lawang im Osten. Auf keinen Fall sollte man den Aufstieg auf eigene Faust wagen, auch wenn es immer wieder unbelehrbare Touristen versuchen, die sich in der Wildnis verirren, verletzen oder gar umkommen. Aufgrund der steigenden Zahl an Trekkingtouren wurde ein Zero-Waste-Programm eingeführt, bei dem die Träger für jedes Kilo Müll, das sie vom Berg bringen, extra bezahlt werden.

SENGGIGI

Vom Hang des Gunung Rinjani rauscht der Sindanggila-Wasserfall ins Tal

SINDANGGILA- UND TIU-KELEP-WASSERFALL (137 D2) (*M S6*)

Ca. 1,5 km unterhalb von Senaru donnert der malerische Sindanggila-Wasserfall kraftvoll in zwei Stufen ins Tal. Der Fußweg von der Hauptstraße *(neben dem Restaurant Pondok Senaru | Eintritt 5000 Rp.)* ist gut ausgebaut, die Gehzeit beträgt 20 Min. Meist wird man von einem Guide begleitet (bezahlen Sie nicht mehr, als auf der Tafel am Eingang angegeben ist). Nötig wird der Führer erst, wenn Sie weiter zum Tiu-Kelep-Wasserfall aufsteigen wollen: Ein steiler, glitschiger Pfad führt in einer Dreiviertelstunde zu einem natürlichen Badepool.

SENGGIGI

(136 B3) (*M Q7*) **Über mehrere schön geschwungene Buchten hat sich dieses ehemalige Fischerdorf (9000 Ew.) im Westen Lomboks bereits ausgedehnt – und es wird immer noch weitergebaut.**

Die weißen Sandstrände, von denen man zum Sonnenuntergang bei klarer Sicht bis zu Balis majestätischem Gunung Agung sehen kann, machen den Ort zu einem idealen Urlaubsziel. Natürlich haben auch die strategisch gute Lage zwischen dem Fährhafen in Labuhan Lembar, dem alten Flughafen in Ampenan und den Gilis im Nordwesten dazu beigetragen, dass Senggigi zu Lomboks wichtigstem Touristenort wurde. Von hier aus lässt sich Lombok problemlos über Land oder zu Wasser entdecken. Obwohl es mittlerweile Restaurants und Unterkünfte in allen Preisklassen gibt, ist Senggigi im Vergleich mit Balis Touristenzentren nach wie vor sehr ruhig und günstig geblieben.

SEHENSWERTES

Wer auf der Straße von Ampenan nach Senggigi fährt, kommt am kleinen Hindutempel *Pura Batu Bolong (tgl. 7–19 Uhr)* auf einem Felsen über der

LOMBOK

gleichnamigen Bucht vorbei. Der Tempel ist dem Schöpfergott Brahma geweiht, für den ein leerer Thron bereitsteht. Vor allem zu den Vollmondzeremonien kommen die Hindus aus Westlombok hierher. Von hier ist es noch ein kurzes Stück zum nächsten Felsen, dem *Batu Layar*. Auf diesem befindet sich das Grab des muslimischen Heiligen Syeh Syayid Muhammad al Bagdadi, der den Islam nach Lombok gebracht haben soll.

ESSEN & TRINKEN

Die meisten Restaurants bieten einen Fahrservice von und zu den außerhalb gelegenen Hotels an.

ASMARA
Ob Sasakspezialitäten, Pasta oder Steak: eines der besten Restaurants am Ort im klassischen Stil, das auch mit Kindermenü und einer Spielecke aufwarten kann. *Jl. Raya Senggigi | Tel. 0370 69 36 19 | €€*

BIG BLUE
Cocktails und internationale Küche mit cooler Musik am Pool bietet diese kleine Strandlounge. *Art Market | Jl. Raya Senggigi | Tel. 0877 63 03 53 36 | €€*

INSIDER TIPP COCO BEACH
Im Kokospalmenhain nördlich von Senggigi steht eine Handvoll *berugaqs* (Sitzpavillons) um eine Strandbar. Zu „Natural Food" aus dem eigenen Garten gibt es frische Drinks. Ideal zum Relaxen! *Pantai Kerandangan | Pintu 2 | Tel. 0817 5 78 00 55 | €*

DE QUAKE
Edle Seafoodkreationen und Cocktails bietet dieses schlicht eingerichtete Restaurant am Strand hinter dem Kunstmarkt. *Art Marke | Jl. Raya Senggigi | Tel. 0370 69 36 94 | €€*

SQUARE
Das wohl trendigste Restaurant in Senggigi mit einem der besten Chefköche aus Bali. In der Lounge im ersten Stock gibt's bis spätabends Clubmusik. *Jl. Raya Senggigi km 8 | Tel. 0370 6 64 59 99 | €€€*

TAMAN RESTAURANT
Internationale Küche von Australien bis Indien, häufig Livemusik, wegen der angeschlossenen Bäckerei besonders zum Frühstück empfehlenswert. *Jl. Raya Senggigi | Tel. 0370 69 38 42 | €€*

EINKAUFEN

Tagsüber sind überall am Strand fliegende Händler unterwegs. Auf dem *Kunstmarkt (pasar seni)* am nördlichen Ende des Orts gibt es Produkte aus ganz Lombok. Lebensmittel, Kosmetika und anderen täglichen Bedarf bekommen Sie in den kleinen Läden im Zentrum von Senggigi.

ASMARA ART SHOP
Der Laden vor dem gleichnamigen Restaurant verkauft schöne Stoffe und Kunsthandwerk gehobener Qualität. *Jl. Raya Senggigi | www.asmara-group.com*

AUTORE PEARL CULTURE
Eine der größten Perlenfarmen Lomboks, alle Perlen mit Echtheitszertifikat. Veranstaltet auch Touren. *Teluk Nare | www.pearlautore.com*

FREIZEIT & SPORT

Fast alle Tauchveranstalter haben Büros in Senggigi. Deutschsprachige Tauchkurse und -touren bieten *Dream Divers (Jl. Raya Senggigi kav. 15 | Tel. 0370 69 37 38 | www.dreamdivers-lombok.com)*. Wer auf den Rinjani steigen will, kann sich beim *Rinjani Trekking Club (Tel. 0370*

SENGGIGI

69 32 02 | www.rinjanitrekclub.org) informieren. Fahrzeugvermietung und Ausflüge organisiert zuverlässig *e-one Tours & Travel (Jl. Raya Senggigi (vor dem Asmara Artshop) | Tel. 0370 69 38 43 | www.lomboktoursandtravel.com)*.

Entspannung gibt es in den Spas der großen Hotels: Besonders empfehlenswert sind die Anwendungen im *Sheraton Senggigi Beach (Jl. Raya Senggigi | Tel. 0370 69 33 33)*. Ebenfalls sehr gute und viel günstigere Massagen bietet der einfache A*rirang Lombok Salon & Spa (Jl. Senggigi Plaza Block C-1 | Tel. 0370 6 19 42 72)*.

STRÄNDE

Der Hauptstrand in Senggigi ist voller kleiner Stände, fliegender Händler, Fischer- und Ausflugsboote. Das Senggigi Beach Hotel vermietet für 30 000 Rp. Liegestühle – besonders beliebt zur Happy Hour mit Livemusik beim Sonnenuntergang. Am besten schwimmen lässt es sich am Strand von *Batu Bolong* vor dem Cafe Alberto. Der schöne Strand von *Mangsit* ist mittlerweile von Hotels besetzt, doch in den Buchten *Klui, Malimba* und *Nipah* finden sich noch sehr ruhige, palmengesäumte Strandabschnitte.

ÜBERNACHTEN

THE CHANDI
Das Boutiqueresort liegt am ruhigen Strand von Batu Layar. Restaurant, Beachbar, Pool und Spa. *17 Bungalows | Jl. Raya Senggigi | Batu Bolong | Tel. 0370 69 21 98 | www.the-chandi.com | €€€*

JEEVA KLUI
Zurückhaltend und ganz im Naturstil präsentiert sich dieses weitläufige Boutiquehotel mit schickem Restaurant und Pool am ruhigen Strand von Klui. *35 Suiten. | Jl. Raya Klui 1 | Tel. 0370 69 30 35 | jeevaklui.com | €€€*

Einfach, aber funktionell: Auslegerboote am Strand von Senggigi

LOMBOK

INSIDER TIPP ▶ THE PUNCAK
Sehr freundliches Boutiquehotel ganz oben auf „The Hill", einem exklusiven Villenviertel oberhalb von Senggigi, großartige Aussicht. *5 Zi. | The Hill | Batu Layar | Tel. 0821 1113 95 95 | www.thepuncak.com | €€€*

QUNCI VILLAS
Schickes, modernes Boutiquehotel mit drei Pools direkt am Strand, Spa. Zwei sehr gute Restaurants mit asiatischer und westlicher Fusionküche, Strandbar. *80 Zi. | Jl. Raya Mangsit | Tel. 0370 69 38 00 | www.quncivillas.com | €€€*

SANTAI BEACH INN
Wie ein Überbleibsel aus Hippiezeiten erscheint dieses kleine Bungalowresort im Sasak-Stil mit üppigem Garten direkt am Meer. Bei den gemeinsamen Mahlzeiten herrscht eine familiäre Atmosphäre. Ökokonzept. *10 Bungalows | Jl. Raya Mangsit | Tel. 0370 69 30 38 | www.santaibeachinn.com | €*

SENDOK GUEST HOUSE
Hübsches Budgethotel im Zentrum, mit kleinem Pool und Restaurant. *18 Zi. | Jl. Raya Senggigi km 8 | Tel. 0370 69 31 76 | www.sendok-bali.com/sendok2g.htm | €*

SENGGIGI BEACH HOTEL
Großzügige Hotelanlage an Senggigis zentralstem Strand. Drei Restaurants, zwei Bars, großer Pool und Sportanlagen. Im exklusiven Pool Villa Club des Hotels gibt es 16 zweistöckige Villen mit eigenem Jacuzzi und Poolzugang. *150 Zi. | Jl. Pantai Senggigi | Tel. 0370 69 32 10 | senggigibeachhotel.com | €€–€€€*

SUNSETHOUSE
Modernes, kleines Hotel direkt am schönen Strand von Batu Bolong, mit Pool und schöner Sunset-Bar. *20 Zi. | Jl. Raya Senggigi 66 | Batu Bolong | Tel. 0370 69 20 20 | www.sunsethouse-lombok.com | €€*

ZIELE IN DER UMGEBUNG

BANYUMULEK UND SUKARARA ★ ●
(136 B–C4) (*Q–R8*)
Etwa 24 km von Senggigi liegt das Töpferdorf Banyumulek, dessen Tonwaren für ihr schlichtes Design berühmt sind und mittlerweile in die ganze Welt exportiert werden. Morgens können Besucher den Töpfern beim Brennen zusehen. Rund 15 km weiter südöstlich stößt man auf das Webereizentrum Sukarara. Vor jedem Haus sitzen Frauen mit Webrahmen auf den gestreckten Beinen. Die kunstvoll gearbeiteten Stoffe werden im Laden des Dorfkollektivs verkauft.

GUNUNG PENGSONG
(136 B4) (*Q8*)
Der von frechen Affen bewohnte, verwunschen wirkende Hindutempel aus dem 16. Jh. liegt 27 km von Senggigi auf einem Hügel. Von hier hat man einen wunderschönen Rundblick über West-Lombok und bei klarer Sicht bis zum Meer und zum Rinjani. Um für eine glückliche Ernte zu beten, wird hier jedes Jahr im März/April ein Büffel geopfert. *Tgl. 7–18 Uhr | Eintritt frei*

TIU PUPUS UND KERTA GANGGA
(136 C2) (*R6*)
4,5 km südlich von Gondang (ca. 30 km nördlich von Senggigi) liegt der 50 m hohe *Tiu-Pupus-Wasserfall*. Obwohl er in der Trockenzeit wenig Wasser führt, lohnt sich der schöne Spaziergang. Noch einmal so weit ist der Weg zum beeindruckenden *Air Terjun Kerta Gangga,* einem zweistufigen Wasserfall mit Badebecken und Höhlen. Beide Wasserfälle sind auch mit dem Auto zu erreichen.

GILIS

Wie auf einer Perlenkette aufgereiht liegen sie im türkis schimmernden Ozean vor der Nordwestküste Lomboks: Gili Air, Gili Meno und Gili Trawangan – meist nur „die Gilis" genannt, was nichts anderes als „kleine Inseln" bedeutet.

Strandurlauber, Schnorchler und Taucher finden hier ihr Paradies: Alle drei Eilande sind von Korallenriffen umgeben, zu denen man durch kristallklares Wasser direkt von den endlosen weißen ★ *Stränden* schwimmen kann. Die meisten Unterkünfte auf den autofreien Inseln liegen an deren ruhigen Ostküsten und bieten einen spektakulären Blick auf den Vulkan Rinjani. Überall an den Stränden stehen kleine Bambuspavillons *(berugak)*, die zum Entspannen bei exotischen Drinks und Snacks einladen.

In den 1980er-Jahren entdeckten die ersten Backpacker die weitestgehend unbewohnten Gilis, auf denen zuvor lediglich einige Fischer aus dem nördlichen Sulawesi Kokospalmenhaine angelegt hatten. Bambushütten und Hängematten zwischen den Palmen sorgten für ein Robinson-Gefühl. Heute leben rund 3500 Menschen auf den Gilis. Die überwiegend muslimische Bevölkerung ist sehr tolerant, sodass das Urlaubsvergnügen selbst im Ramadan ungetrübt ist. Dennoch sollten Besucher gewisse Grundregeln einhalten und z. B. auf keinen Fall nackt baden.

Richtig in Schwung kam der Tourismus erst in den vergangenen Jahren durch eine Regierungskampagne und massive Investitionen aus dem Ausland, dank de-

Bild: Gili Meno

Korallenriffe im kristallklaren Meer und Bambusbungalows unter Kokoshainen bilden die Kulisse für eine moderne Robinsonade

ren u. a. jetzt die direkte Anreise von Bali möglich ist. Vor allem *Gili Trawangan* hat sich seitdem zu einer Partyinsel entwickelt, die in manchen Medien bereits als fernöstliches Ibiza gefeiert wird. Auch auf *Gili Air* machen immer mehr Cafés, Bars und schicke Resorts auf, wobei es immer noch sehr idyllische Rückzugsorte gibt. *Gili Meno* konnte dagegen seine ruhige Aussteigeratmosphäre bewahren. Auf allen drei Inseln sind Pferdewagen und Fahrräder die einzigen Fortbewegungsmittel.

Um zu den wirklich schönen Schnorchel- und Tauchgebieten in der ★ *Unterwasserwelt* vor den Gilis zu gelangen, müssen Sie sich jedoch ein Boot mieten, da die inselnahen Korallen vom früheren Dynamitfischen stark mitgenommen sind. Der Gili Eco Trust hat deshalb begonnen, auf künstlichen Riffen neue Korallen anzusiedeln. Umweltbewusstsein spielt auf den kleinen Inseln generell eine große Rolle: Um Müll zu vermeiden, füllen z. B. Läden und Cafés geleerte Wasserflaschen wieder auf. Trinkwasser

GILI AIR

Einen kurzen Bootstrip von den Gilis entfernt tut sich ein Eldorado für Taucher auf

auf den Gilis ist knapp und das Leitungswasser meist recht salzig.

Auf den Inseln gibt es keine uniformierten Polizisten – für Sicherheit sorgen zivile Aufpasser. Auf Gili Trawangan gibt es mittlerweile mehrere Bankautomaten, auch auf Gili Air befindet sich ein ATM östlich des Hafenanlegers. Kreditkarten akzeptieren nur größere Hotels und Restaurants sowie die meisten Tauchveranstalter. Geld wechseln bei den örtlichen Moneychangers ist nur zu hohen Raten möglich, es ist daher empfehlenswert, ausreichend Bargeld mitzunehmen. Kleine Kliniken bieten gesundheitliche Erstversorgung, bei ernsten Erkrankungen sollte man so schnell wie möglich nach Lombok oder Bali übersetzen. Mobilfunkempfang und Internetcafés gibt es auf allen drei Inseln.

Die Überfahrt auf die Gilis ist von Bali oder Lombok aus möglich *(Schnellboote von Benoa oder Padang Bai | ab 45 US-$, 1,5 Std. | gili-fastboat.com; ab Senggigi mit Perama Tour | 200 000 Rp., 30 Min. | www.peramatour.com)*. Von *Bangsal* aus und zwischen den Inseln verkehren Shuttles und private Motorboote.

GILI AIR

(139 D–F 4–6) *(m s–u 4–6)* **Wer keine Lust auf Party hat, aber trotzdem Gesellschaft will, ist auf Gili Air richtig – vor allem Familien kommen gern hierher.**
Die „Wasserinsel", was der Name auf Indonesisch bedeutet, liegt Lombok am nächsten und ist mit rund 1500 Einwohnern dichter besiedelt als die anderen Gilis. Auf dem mit Kokoshainen bewachsenen Eiland gibt es hauptsächlich einfache Bungalowresorts und Strandcafés, doch entstehen immer mehr Restaurants und Unterkünfte im Resortstil. Alle sind über den größtenteils unbefestigten

GILIS

Strandweg erreicht, der rund um die Insel führt. Im Südosten ist die beste Stelle zum Schwimmen und Schnorcheln. Die Einkaufsmöglichkeiten sind beschränkt.

ESSEN & TRINKEN

BIBA BEACH CAFE (139 F5) (*m u5*)
Leckere Pasta und Holzofenpizza im italienisch geführten Strandcafé der gleichnamigen Bungalowanlage. *Am Oststrand | Tel. 0370 17 27 46 48 | €*

INSIDER TIPP GILI AIR SANTAY ☺
(139 F5) (*m u5*)
Eine Institution auf der Insel, beliebt vor allem wegen der hausgemachten Thai-Currys und Shakes, die nur aus frischen, lokalen Zutaten zubereitet werden. Eines der ersten Restaurants mit Müllrecycling. *Im Nordosten | Tel. 0819 15 99 37 82 | www.giliair-santay.com | €*

MIRAGE BAR (139 E4) (*m t4*)
Cocktailbar im mediterranen Stil, ideal zum Sonnenuntergang. *Im Nordwesten, nahe Gili Air Hotel | €*

FREIZEIT & SPORT

Die meisten Unterkünfte organisieren Schnorchel- und Angelausflüge und verleihen die Ausrüstung. Professionelle Tauchkurse und -touren bieten *Dream Divers (deutschsprachige Kurse | Tel. 0370 63 45 47 | www.dreamdivers-lombok.com | (139 F6) (m u6))*, *Blue Marlin Dive (Tel. 0370 63 43 87 | www.bluemarlindive.com | (139 F5) (m u6))* oder in einem neuen Tauchresort *Manta Dive (Tel. 0813 37 78 90 47 | www.manta-dive-giliair.com | (139 F6) (m u6))*. *H₂O Yoga (Tel. 0877 61 03 88 36 | www.h2oyogaandmeditation.com | (139 E–F5) (m t–u5))* bietet im Zentrum der Insel Yogakurse und Meditationsretreats, außerdem gute Massagen.

ÜBERNACHTEN

VILLA CASA MIO (139 F4) (*m u4*)
Ausgefallene Anlage in buntem Dekor mit vier komfortablen Bungalows, Pool und Strandcafé im Wohnzimmerstil. *Südliche Westküste | Tel. 0370 64 61 60 | www.giliair.com | €€*

COCONUT COTTAGES (139 F5) (*m u5*)
14 schlichte Bungalows mit Aircondition und warmem Wasser verstecken sich etwas abseits vom Strand hinter Frangipanibäumen, Bougainvillea- und Hibiskussträuchern. Gutes Gartenrestaurant. *Mittlere Ostküste | Tel. 0370 63 53 65 | www.coconuts-giliair.com | €*

INSIDER TIPP ISLAND VIEW
(139 F5) (*m u5*)
Sechs einfache, hübsche Bungalows im Tropengarten weit abseits auf der Sunset-Seite der Insel, sehr schönes Strandcafé.

MARCO POLO HIGHLIGHTS

★ **Strände**
In Bambuspavillons an den langen weißen Sandstränden relaxen → S. 90

★ **Unterwasserwelt**
Korallen, Fische und Meeresschildkröten faszinieren Schnorchler und Taucher
→ S. 91

★ **Nachtleben**
Ob im gemütlichen Irish Pub oder in einer coolen Lounge – Partyfans können auf Trawangan feiern bis zum Umfallen
→ S. 95

GILI MENO

Westküste | Tel. 0878 64 94 21 26 | www.islandviewgiliair.com | €

SUNRISE HOTEL (139 F6) *(ɱ u6)*
268 zweistöckige Bungalows im Reisspeicherstil in einem üppigen Garten am besten Schwimmspot der Ostküste. *Tel. 0370 64 23 70 | sunrisegiliair.com | €€*

GILI MENO

(139 D–F 1–3) *(ɱ s–u 1–3)* **Gili Meno („Salzinsel") vermittelt wirkliches Robinson-Gefühl: Sie ist die kleinste und ruhigste der drei Inseln.**

In anderthalb Stunden lässt sie sich zu Fuß umrunden. Im Zentrum befindet sich ein *Vogelpark (tgl. 9–17 Uhr | Eintritt 60 000 Rp.* **(139 E2)** *(ɱ t2))* mit 300 Vogelarten sowie einigen Krokodilen. Der Salzsee im Westen gab der Insel ihren Namen und ist wegen der Moskitos berüchtigt, die dort vor allem am Ende der Regenzeit auftreten. Im Rest des Jahres ist das Strandvergnügen dadurch nicht beeinträchtigt. Die schönsten Schnorchelspots liegen im Nordwesten, Nordosten und Südosten der Insel. Vor dem Gazebo Hotel direkt am Hauptweg gibt es eine kleine, offen zugängliche *Schildkrötenstation,* die über die gefährdeten Meeresbewohner informiert.

ESSEN & TRINKEN

INSIDER TIPP ADENG-ADENG BEACH BAR ☺ **(139 E2)** *(ɱ t2)*
Romantisches Setting mit leckeren Cocktails und Tapas zum Sonnenuntergang, danach Seafood-Barbecue mit Fackelbeleuchtung. Umweltbewusstes Management. *Am Nordende | Tel. 0818 05 34 10 19 | €–€€*

MAHAMAYA BOUTIQUE RESORT RESTAURANT ● **(139 D1)** *(ɱ s1)*
Schickes Strandrestaurant des gleichnamigen Boutique Resorts, frisches Seafood, internationale und indonesische Gerichte. Blick auf den Sonnenuntergang. *Nördlich des Salzsees | Tel. 0888 715 58 28 | €€*

TAO KOMBO RESTAURANT AND JUNGLE BAR (139 E3) *(ɱ t3)*
Das Grillrestaurant serviert indonesische und internationale Küche, die Bar verspricht Livemusik bis zum späten Abend. *Etwas landeinwärts an der Südostspitze | Tel. 0812 3 72 21 74 | €*

FREIZEIT & SPORT

Für Taucher und Schnorchler ist die *Gili-Meno-Wand* im Nordwesten mit seltenen Korallen, Fischen und Meeresschildkröten die Attraktion. Alle Tauchcenter auf den Gilis bieten Touren nach Gili Meno an, auf der Insel selbst gibt es *Blue Marlin Dive (Tel. 0370 63 99 80 | www.bluemarlindive.com |* **(139 F2–3)** *(ɱ u2–3))* und *Divine Divers (Tel. 0852 40 57 07 77 | www.divinedivers.com |* **(139 F2–3)** *(ɱ u2–3)).* Schnorchelausflüge organisieren fast alle Unterkünfte,

LOW BUDG€T

▶ Tickets für Schnellboote von und nach Bali gibt es oft billiger direkt beim Bootsunternehmen als bei Reisebüros und Agenten.

▶ Anstatt mit Charterbooten zwischen den Inseln zu verkehren, können Sie auch die öffentlichen Shuttleboote nutzen – aber Geduld: Der Fahrplan ist nicht zuverlässig.

GILIS

Yogakurse gibt es bei *Mao Meno (www.mao-meno.com | (138 C4) (🕮 r4))*.

ÜBERNACHTEN

VILLA NAUTILUS (139 F2–3) *(🕮 u2–3)*
Fünf komfortable Steinbungalows mit Klimaanlage, Warmwasser, Sonnendeck. Strandcafé. *Im Südosten | Tel. 0370 64 21 43 | www.villanautilus.com | €€*

SUNSET GECKO 🌿 (139 D1) *(🕮 s1)*
Sechs kreativ gestaltete Mehrzimmerbungalows mit umweltfreundlichem Konzept, direkt vor einem Korallenriff am Nordweststrand. *Tel. 0813 53 56 67 74 | www.thesunsetgecko.com | €*

INSIDER TIPP **VILLA SAYANG**
(139 E1) *(🕮 t1)*
Drei liebevoll eingerichtete Villen mit getrenntem Wohnbereich, Küche, Open-Air-Bad, Putzservice in einem weitläufigen Garten landeinwärts. Ideal für Familien. *Nördlich vom Bootsanleger | Tel. 0370 6 60 90 01 | villasayanggilimeno.com | €€*

GILI TRAWANGAN

(138 A–C 2–5) *(🕮 p–r 2–5)* **Gili Trawangan ist die größte und touristischste der Gilis: In den letzten Jahren sind hier viele Hotels und Restaurants aller Preisklassen entstanden.**

Als Partyinsel lockt Trawangan Urlauber, die nicht auf ein spektakuläres ⭐ *Nachtleben* verzichten wollen. Schon zum Sunsetcocktail drehen die meisten Cafés und Bars die Musik dröhnend auf, danach kann man zu Loungemusik chillen, zu Oldies abtanzen oder zu Techno raven. Tagsüber dreht sich auch hier alles wieder ums Wasser.

Um Unglück von den Gilis fernzuhalten, findet auf Trawangan immer am Ende des islamischen *Safar*-Monats das *Mandi-Sapar-Baderitual* statt: Hunderte von Menschen tragen Opfergaben zum Meer, um anschließend gemeinsam zu baden.

Abschied von der Partyinsel: Rucksacktouristen warten auf die Fähre

Zugleich werden frisch geschlüpfte Meeresschildkröten frei gelassen. Zum Schutz der bedrohten Tiere hat eine lokale Initiative vor Dino's Cafe im Nordosten der Insel eine 🌿 ● *Schildkrötenstation (tgl. 8–18 Uhr | Spenden erbeten)* eingerichtet. Für Romantiker: Den besten Blick auf Sonnenauf- und -untergang vor den Vulkanen von Bali und Lombok hat man von der ● Spitze des kleinen Hügels im Süden der Insel.

GILI TRAWANGAN

ESSEN & TRINKEN

INSIDER TIPP ART MARKET (PASAR SENI) (138 C4) (*r4*)
Einheimische wie Touristen probieren sich hier abends an zahlreichen Essensständen durch authentische indonesische Küche. *Beim Hafen | €*

ECCO BOUTIQUE CAFÉ (138 C3–4) (*r3–4*)
Guter Kaffee, frische Säfte, selbst gebackene Kuchen und Brot, dazu luftige Kleider und einfallsreiche Accessoires. Einkäufe werden in selbst gefaltete Papiertüten verpackt. *Etwas südlich des Hafens | Tel. 0878 66 27 02 00 | €*

HORIZONTAL LOUNGE (138 C3) (*r3*)
Stylishe Restaurantbar mit Liegekissen am Strand. Westliches Menü, Barbecue und Cocktails, Loungemusik. *Nördlich des Hafens | Tel. 0370 6 13 92 48 | €€*

KARMA KAYAK (138 B2) (*q2*)
Mit Blick auf den Sonnenuntergang Tapas und Sangria genießen. *Am Nordstrand | Tel. 0818 03 64 05 38 | €*

SCALLYWAGS ORGANIC SEAFOOD BAR & GRILL (138 C4) (*r4*)
Vielfältiges Biomenü von Frühstück bis Abendessen, gemütliches Setting. *Im Südosten | Tel. 0370 6 14 53 01 | €€*

EINKAUFEN

Außer der Grundversorgung an Lebensmitteln, Kosmetikartikeln und Postkarten gibt es lokale Souvenirs sowie Tauch- und Schnorchelausrüstungen zu kaufen. Immer mehr Boutiquen bieten auch Kleider und Accessoires an. Am Hafen findet jeden Abend ein *Kunstmarkt (pasar seni)* statt, wo Händler günstige T-Shirts, *sarongs* und Kunsthandwerk anbieten, dazu gibt es lokale Gerichte bei den Garküchen.

FREIZEIT & SPORT

Rund um die Insel gibt es viele Schnorchel- und Tauchspots, an denen man Schildkröten, Mantarochen oder sogar kleine Haie sichten kann. Auf Trawangan organisieren auch kleinere Veranstalter Tauchkurse und

Tagsüber ist auf den Gilis entspanntes Chillen am Strand angesagt

www.marcopolo.de/bali-lombok-gilis

GILIS

Touren. Bewährt haben sich die großen: *Dream Divers (deutschsprachige Kurse | Tel. 0370 6134496 | www.dreamdivers-lombok.com | (138 C4) (ɱ r4))*, *Blue Marlin Dive (Tel. 0370 6132424 | www.bluemarlindive.com | (138 C4) (ɱ r4))*, *Manta Dive (Tel. 0370 6436 49 | www.manta-dive.com | (138 C3) (ɱ r3))*.

Im Nordwesten der Insel befinden sich die besten Angelspots für Sportfischer. Ausflüge organisiert z. B. *Scallywags (Tel. 0370 6145301 | info@scallywagsresort.com | (138 C4) (ɱ r4))*. Wer die Insel nicht zu Fuß umrunden will (ca. 3 Std.), kann sich auch ein Pferd mieten *(Stud Stables | 0878 61791565 | (138 B5) (ɱ q5))*. Tägliche Yogaklassen gibt es bei *Gili Yoga (Tel. 0370 6140503 | www.giliyoga.com | (138 C4) (ɱ r4))*.

AM ABEND

Die ganze Ostküste der Insel ist eine Ausgehmeile. Ein offizieller Partyplan legt fest, wo nach 2 Uhr morgens weitergefeiert werden darf: montags im *Blue Marlin* (138 C4) *(ɱ r4)*, mittwochs in der Irish Bar *Tir Na Nog* (138 C5) *(ɱ r5)*, freitags in *Rudy's Pub* (138 C4) *(ɱ r4)* und samstags im *Sama-Sama* (138 C3) *(ɱ r3)*. Allerdings wird inzwischen fast jede Nacht an mehreren Orten Party gemacht – vor allem in der Hochsaison. Fragen Sie im Hotel nach speziellen Events.

ÜBERNACHTEN

INSIDERTIPP EXILE ● (138 A4) (ɱ p4)
Zehn einfache Bambusbungalows mit Open-Air-Bad im ruhigen Südwesten bieten echtes Insel-Feeling, Sunsetbar mit guter Musik, ökologisches Wasser- und Müllmanagement. *Nördlich vom Sunsetpoint | Tel. 0819 0722 9053 | lombokhomes@gmail.com | €*

GILI ECO BUNGALOWS ●
(138 B2) (ɱ q2)
Sieben komfortable Zweizimmerbungalows mit offenem Wohnzimmer und eigener Küche. Weitläufiger Garten, Salzwasserpool, Restaurant und Spa mit Bioprodukten, Korallenprojekt am Strand. *Im Nordwesten | Tel. 0361 8476419 | www.giliecovillas.com | €€*

Farbenprächtige Meeresschildkröte

LUCE D'ALMA RESORT ●
(138 B3) (ɱ q3)
Modernen Luxus bietet dieses schicke Hotel mit Pool, Spa und italienischem Restaurant, eigenem Hydrauliksystem und Solarstrom. *16 Zi. | im Norden, etwas landeinwärts | Tel. 0370 621777 | lucedalmaresort.com | €€€*

PONDOK SANTI ● (138 A–B5) (ɱ p–q5)
Zwölf schöne Bungalows in einem sehr gepflegten, weitläufigen Kokospalmenhain am Südstrand, Ausbildungs- und Umweltprojekt direkt hinter der Anlage. *Nähe Sunsetpoint | Tel. 0370 6145186 | www.pondoksanti.com | €€€*

HOTEL VILA OMBAK (138 C5) (ɱ r5)
Komfortable Anlage im Sasak-Stil. Pool, Spa, Restaurant, Bar, Tauchschule. Neuer Ableger am Weststrand. *60 Zi. | im Südosten | Tel. 0370 6142336 | www.hotelombak.com | €€–€€€*

AUSFLÜGE & TOUREN

Die Touren sind im Reiseatlas, in der Faltkarte und auf dem hinteren Umschlag grün markiert

Bild: Bratan-See mit Pura Ulun Danu

1 DURCH BALIS FRUCHTBARES HOCHLAND

Vorbei an Tempeln und Obstplantagen fahren Sie von Ubud aus rund 60 km ins zentrale Hochland von Bali, wo idyllische Seen und üppige Natur warten. Nach dem Besuch des feenhaften Wassertempels Pura Ulun Danu Bratan geht es vorbei am Buyan- und am Tamblingan-See und nach einer Badepause am Munduk-Wasserfall (Badesachen nicht vergessen!) über gewundene Bergstraßen hinunter zur Nordküste. Zum Abschluss der insgesamt 93 km langen Tagestour können Sie in heißen Quellen baden und in Balis einzigem buddhistischen Kloster meditieren.

Brechen Sie in Ubud → S. 66 früh auf, und fahren Sie über Singkerta und Blahkiuh nach Sembung, wo Sie auf die Hauptstraße treffen, die in den Norden nach Bedugul führt. An Reisfeldern und Obstplantagen vorbei geht es immer höher bis nach Candikuning am Bratan-See → S. 50, der auf 1500 m Höhe liegt. Die Region gilt als landwirtschaftliches Herz Balis, da wegen des kühlen Bergklimas Obst, Gemüse und Blumen besonders gut gedeihen. Nehmen Sie sich etwas Zeit und probieren Sie auf dem Dorfmarkt frische Mangos, Erdbeeren oder würzige Spezialitäten wie z. B. scharf gebratenes Hühnchen, denn in der Gegend werden auch Gewürze wie Chili, Muskatnuss, Nelken, Pfeffer und Kurkuma angebaut. Für eine Pause bei

Tempel, traditionelle Dörfer und tropische Gärten: Genießen Sie kulturelle Höhepunkte, unberührte Natur und spektakuläre Ausblicke

leckerem Kaffee bietet sich der originelle **INSIDER TIPP** **Eat, Drink, Love Coffee Shop** *(€)* mitten auf dem Marktplatz an. Etwas weiter die Straße hinunter liegt auf einer Insel im Bratan-See der elfstufige Tempelschrein des **Pura Ulun Danu Bratan** → S. 50, der sich vor einer imposanten Bergkulisse im Wasser spiegelt. Kein Wunder, dass dies eines der beliebtesten Fotomotive bei Baliurlaubern ist. Die Einheimischen bitten in diesem Heiligtum bei der Seegöttin um Wasser für ihre Felder.

Fahren Sie anschließend 5 km weiter in den Norden, und biegen Sie bei Yehketipat links zu **Danau Buyan und Danau Tamblingan** → S. 50 ab. Die schmale Straße führt hoch über dem Nordufer an den türkis schimmernden Seen entlang durch Kaffee-, Nelken- und Obstplantagen. Am gegenüberliegenden Ufer türmen sich die Berghänge des **Gunung Batukaru** → S. 64 auf, im Norden reicht der Blick bis hinunter zum fernen Meer. Kurz hinter dem Tamblingan-See liegt der **Munduk-Wasserfall** *(tgl. 8–16 Uhr |*

Eintritt 5000 Rp.). Ein steiler Fußweg (ca. 15 Min.) führt von der Straße durch Kaffee- und Obstplantagen zu einem natürlichen Pool, in den der Wasserfall aus 15 m Höhe stürzt. Hier können Sie sich bei einem Bad erfrischen, bevor es wieder den Berg hinaufgeht. Wenige Kilometer weiter im Dorf können Sie anschließend im Restaurant der **Puri Lumbung Cottages** *(Tel. 0362 70 12 88 71 | www.purilumbung.com | €€)* eine Mittagspause machen: Zu frischen lokalen Gerichten gibt es ein atemberaubendes Panorama. Wer die frische Bergluft noch länger genießen will, sollte in dem preisgekrönten *Eco-Hotel (44 Zi. | €€)* übernachten. Hier können Sie sich den Reisenbau erklären lassen oder in den nahen Bergwäldern wandern, wo das Hotel eine urige Lodge betreibt.

Von Munduk windet sich die schmale Hauptstraße ca. 20 km durch kleine Dörfer und Plantagen. In Bubunan biegen Sie rechts ab in Richtung **Banjar → S. 49**, am Dorfmarkt geht es wieder rechts ab. Ein Schild weist kurz dahinter den Weg nach links zu den heißen Quellen *(Air panas)*. Entspannen Sie sich bei einem Bad im 38 Grad warmen, schwefelhaltigen Wasser, das aus gemeißelten Speiern ins Becken fließt und heilsame Wirkung haben soll.

Auf der anderen Seite des Hügels, nur zehn Minuten entfernt, liegt Balis größter buddhistischer Tempel und einziges aktives buddhistische Kloster **Brahmavihara Arama → S. 49**, ein beliebtes Meditationszentrum. Hier können Sie zum Abschluss der Tour meditieren oder einfach die Stille und den wunderschönen Blick aufs Meer genießen. Von hier sind es nur noch 10 km bis nach **Lovina → S. 48**, wo es viele Übernachtungsmöglichkeiten gibt. Wenn Sie nach Ubud zurückfahren wollen, sollten Sie die Straße über Singaraja nach Bedugul nehmen (ca. 2–3 Std.).

2 MYSTISCHE TEMPEL UND REISKULTUR AM BATUKARU

Die 120 km lange Tour führt Sie in einem Tag von Balis zweitgrößter Tempelanlage in Mengwi zunächst nach Tabanan, dem wichtigsten Reisanbaugebiet der Insel. Anschließend fahren Sie den mächtigen Vulkan Batukaru hinauf zum mythenumwobenen Bergtempel Pura Luhur Batukaru. Von dort geht es über Serpentinen zu Balis schönsten Reisterrassen. Den krönenden Abschluss des Tages bildet der Sonnenuntergang am Pura Tanah Lot.

Von **Seminyak → S. 61** aus fahren Sie 22 km bis **Mengwi → S. 65** zum 1634 gegründeten **Pura Taman Ayun**. Der weitläufige Familientempel der Königsfamilie von Mengwi ist von einem Wassergraben umgeben. Brechen Sie früh auf, damit Sie in Ruhe den schönen Garten genie-

www.marcopolo.de/bali-lombok-gilis

AUSFLÜGE & TOUREN

ßen können, bevor die ersten Reisegruppen kommen!

Weiter geht es 7 km in Richtung **Tabanan → S. 66**, das als die Reiskammer Balis bekannt ist. Kurz vor dem kleinen Handelsstädtchen liegt das kleine, aber sehr interessante ● **Subak-Museum** *(tgl. 8–17 Uhr | Eintritt 5000 Rp.)*, in dem der Reisanbau und das ausgeklügelte Bewässerungssystem erklärt werden, das auf demokratischen und egalitären Grundregeln sowie dem Einklang der spirituellen Welt mit Mensch und Natur beruht. 2012 wurde das balinesische *Subak*-System von der Unesco als Weltkulturerbe anerkannt.

Von Tabanan aus führt eine Straße 23 km in den Norden immer höher auf den üppig bewachsenen **Batukaru → S. 64**, Balis westlichsten Vulkan und zweithöchsten Berg. Auf 825 m Höhe liegt im dichten Wald versteckt der mystische Bergtempel **Pura Luhur Batukaru**, einer der sechs heiligsten Tempel Balis. Die Schreine sind dem Berggott sowie den Geistern des **Bratan- → S. 50**, **Buyan- und Tamblingan-Sees → S. 50** geweiht. Fahren Sie die Hauptstraße etwa 2,5 km zurück bis nach Wongayagede. Eine kleine, gewundene Straße führt von hier in den Osten zunächst an Bananen-, Chili- und Kaffeeplantagen vorbei bis nach ★ 🌿 **Jatiluwih** *(Zugangsgebühr 10 000 Rp)*: Bei klarer Sicht und kühler Bergluft erwartet Sie hier ein fantastisches Panorama über tiefgrüne Reisterrassen bis weit in den Süden hinunter zum Meer. Die jahrhundertealten Felder schmiegen sich bis in jede noch so enge Kurve an die natürliche Form der Berghänge und präsentieren das *Subak*-System, das Sie bereits im Museum kennengelernt haben, in Perfektion. Gönnen Sie sich eine Mittagspause im luftigen ☺ **Cafe Jatiluwih** *(0368 81 52 45 | €)* und probieren Sie den roten Reis, der

Bereits vor Jahrhunderten wurde die Bergregion um Jatiluwih für den Reisanbau erschlossen

hier angebaut wird. Dazu gibt es frisches Bio-Gemüse und duftenden roten Reistee – ein Produkt der Jatiluwih Organic Red Rice Association of Farmers, die allen wirtschaftlichen Problemen zum Trotz am traditionellen, pestizidfreien Anbau alter Reissorten festgehalten hat. Durch die natürliche Anbauweise, so glauben die Bauern, halten sie eine direktere Verbindung zur Reisgöttin Dewi Sri. Wenn Sie Zeit haben, sollten Sie einen Spaziergang durch die Reisterrassen machen.

Über Gunungsari fahren Sie nach Senganan, wo Sie die Abzweigung in den Süden nehmen, die rund 25 km in den Süden nach Tabanan führt. Wenn Sie noch genügend Energie haben, können Sie von dort in etwa einer halben Stunde an den sagenumwobenen Meerestempel **Pura Tanah Lot** → S. 65 weiterfahren – trotz der Touristenmassen einer der schönsten Plätze auf Bali, um den Sonnenuntergang zu genießen.

③ PANORAMATOUR ZU DEN SASAK IM NORDEN LOMBOKS

Über den Affenwald am Pusuk-Pass und entlang an schwarzen Sandstränden geht es auf dieser Tagestour von Senggigi etwa 85 km in den Norden Lomboks. Nach dem Besuch eines traditionellen Sasakdorfs und der ältesten Moschee Lomboks können Sie sich im Eco-Resort Rinjani Mountain Garden entspannen, das einen der schönsten Ausblicke der Insel zu bieten hat. Nach einem Abstecher zum malerischen Sindanggila-Wasserfall fahren Sie zum Sonnenuntergang an der Westküste zurück (Gesamtstrecke: 174 km).

Fahren Sie morgens von **Senggigi** → S. 86 über Ampenan in Richtung **Pusuk-Pass**. In **Gunung Sari** kommen Sie an einem traditionellen Morgenmarkt vorbei, auf dem Sie sich mit Snacks für die Fahrt eindecken oder

Schlicht, aber funktionell: In den Bambushäusern der Sasak ist es angenehm kühl

www.marcopolo.de/bali-lombok-gilis

AUSFLÜGE & TOUREN

auch einfach nur dem bunten Treiben zusehen können. Von hier geht es weiter Richtung Sidemen. An der linken Straßenseite liegen einige Palmzuckermanufakturen: Die Bauern demonstrieren gern, wie sie aus dem süßen Saft der Arenblüten Palmzucker, Palmwein *(tuak)* und Schnaps *(brem)* herstellen. Oben auf dem Pass erwartet Sie nicht nur auch ein traumhafter Ausblick über bewaldete Berghänge bis zum Meer und auf die drei vorgelagerten Gili-Inseln, sondern auch eine Horde hungriger Affen. Kaufen Sie vorher am Straßenrand Bananen, um sie zu besänftigen, und füttern Sie immer den Anführer zuerst! Durch gemütliche Ortschaften und an schwarzen Sandstränden entlang fahren Sie weiter, bis kurz vor Sukadana eine holperige Lehmstraße zum traditionellen Sasakdorf **Segenter → S. 85** abbiegt. Hier leben die Menschen wie vor Hunderten von Jahren in einfachen Bambushäusern mit Lehmboden. Baustil und Sprache unterscheiden sich jedoch von den Sasak im Süden. Gegen eine Spende am Dorfeingang führt Sie einer der Bewohner in den Dorfalltag ein, in der Regel gehört auch der kurze Besuch eines Hauses dazu.

Wieder zurück auf der Hauptstraße geht es weiter nach **Bayan → S. 84**, wo die älteste Moschee Lomboks steht, ein einfacher Holz-Bambus-Bau. Im Jahr 1634 soll hier einer der neun Heiligen, die den Islam nach Indonesien brachten, die erste islamische Gemeinde auf Lombok gegründet haben. Die Bewohner Bayans sehen sich bis heute als dessen direkte Nachkommen und hängen dem Wetu-Telu-Glauben an, der animistische und hinduistische Elemente mit dem Islam verbindet. So auch der Hüter des Heiligtums, der wunderbar alte Geschichten erzählen kann, allerdings nur auf Indonesisch (am besten bitten Sie Ihren Fahrer zu übersetzen). An der Moschee vorbei führt die Hauptstraße in eine starke Linkskurve, dort fahren Sie geradeaus weiter. Folgen Sie dem Weg 3,7 km den Berg hinauf, bis hinter einer Linkskurve scharf rechts die Einfahrt des ☺ INSIDER TIPP **Rinjani Mountain Garden** *(Tel. 0818 56 97 30 | rinjanigarden@hotmail.de | €)* liegt. Die deutschen Besitzer haben hier ein Campingparadies mit üppigen Pflanzen, Wasserbecken und allerlei tierischen Bewohnern geschaffen. Wählen Sie zwischen deutscher Vesper oder pikanter Sasakküche zum Mittagessen und genießen Sie den Blick vom Hang des Rinjani über Reisterrassen bis hinunter zum Meer. Von hier aus lassen sich wunderbare Trekkingtouren organisieren, und die Bungalows im Reisspeicherstil laden zum Bleiben ein. Wenn Sie nicht hier oben übernachten wollen, sollten Sie auf dem Rückkehr kurz hinter Bayan nach **Senaru → S. 83** abbiegen. In dem kleinen Bergdorf beginnen die meisten Trekkingtouren auf den Vulkan **Gunung Rinjani → S. 85**, für die man im Durchschnitt drei Tage einplanen sollte. Informationen beim Büro des Rinjani-Nationalparks *(www.rinjaninationalpark.com)*, wo auch die Vereinigung der Bergführer sitzt. Der Abstieg zum malerischen **Sindanggila-Wasserfall → S. 86**, der kraftvoll in zwei Stufen ins Tal donnert, dauert dagegen nur 20 Minuten. Einen Führer benötigen Sie dafür nicht. Sollte sich dennoch jemand anbieten, bezahlen Sie nicht mehr, als auf der Tafel neben dem Eingang zum Restaurant **Pondok Senaru** *(tgl. | Tel. 0370 62 28 68 | €)* steht. Hier können Sie auch mit Fernblick auf den Wasserfall einen Kaffee trinken. Auf dem Rückweg halten Sie sich diesmal auf der Küstenstraße. Passend zum Sonnenuntergang erwartet Sie in den Buchten südlich von Bangsal ein spektakulärer Blick auf die Gilis und – weit dahinter – Balis höchsten Berg, den Gunung Agung.

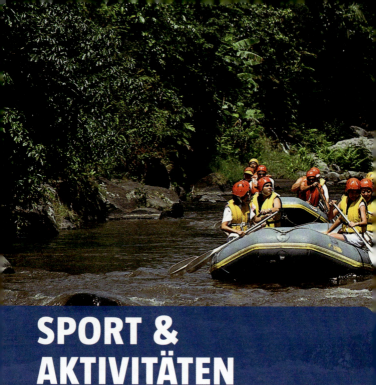

SPORT & AKTIVITÄTEN

Ob auf Bali, Lombok oder den Gilis: Überall haben Sie eine riesige Auswahl an Freizeitaktivitäten.

Im Vordergrund steht natürlich das Meer mit Schnorcheln, Tauchen, Segeln und Surfen. Sehr beliebt sind auch Mountainbiking, Riverrafting und natürlich Trekkingtouren auf die Vulkane. Wer lieber entspannen will, für den gibt es zahlreiche Angebote an Yogakursen, Massagen oder Wellnessbehandlungen.

GOLF

Fünf Golfplätze auf Bali und zwei auf Lombok bieten eine erstklassige Auswahl. Zu den besten Plätzen Asiens zählen der *Bali Golf and Country Club* in Nusa Dua, der in den Bergen gelegene *Bali Handara Kosaido Country Club* sowie der *Bali Nirwana Golf Club* bei Tanah Lot. Wunderschön liegt der neuere *Lombok Golf Kosaido Country Club* mit Blick auf die Gilis. Außer der 9-Loch-Anlage des Grand Bali Beach Golf Club in Sanur sind alle Plätze 18-Loch-Anlagen. *Infos und Pauschalangebote unter: www.99bali.com/golf oder baliwww.com/golf*

MOUNTAINBIKING

Trotz des tropischen Klimas sind Radtouren sehr beliebt. Die Umgebung von Ubud lässt sich per Fahrrad besonders gut entdecken: Die Straßen sind hier einigermaßen intakt und nicht so stark befahren. Von Senggigi aus kann man bequem über Nebenstraßen zu Ausflugs-

Vom Meer bis zu den Vulkanspitzen bieten Bali, Lombok und die Gilis jede Menge Aktivitäten und Entspannungsmöglichkeiten

zielen in der Umgebung radeln. Abenteuerlicher, aber sehr schön sind Touren an der wenig befahrenen Südwestspitze Lomboks. Touren in kleinen Gruppen organisieren von Ubud aus *Bali Eco Cycling* (Tel. 0361 97 55 57 | baliecocycling.com) und *Jegeg Bali Cycling Tours* (Tel. 0812 36 77 94 29 | www.jegegbalicycling.com). INSIDER TIPP *Mountain Bike Lombok* (Tel. 0819 99 09 71 26 | www.mountainbike lombok.com) in Senggigi bietet neben Tagestrips auch interessante mehrtägige Touren.

REITEN

Im Trab durch Dörfer und Reisterrassen im Hinterland, Galoppieren am Strand oder sogar Schwimmen mit Pferden: An den Stränden zwischen Seminyak und Tanah Lot gibt es diverse Angebote für Reitausflüge. Bekannte Veranstalter sind *Island Horse Riding* (Tel. 0361 73 14 07 | www.baliislandhorse.com) oder *Bali Horse Adventure* (Tel. 0361 3 65 55 97 | www.balihorseadventure.com), das neben Touren auch Kindercamps anbietet.

RIVERRAFTING

Am beliebtesten ist die etwa zweistündige Wildwasserfahrt mit dem Schlauchboot durch die *Schlucht des Ayung-Flusses* bei Ubud. Etwas anspruchsvoller ist die Tour auf dem *Telaga-Waja-Fluss* am Gunung Agung – nasse Kleider inbegriffen. Alle Veranstalter holen ihre Gäste im Hotel ab, z. B. *Bali Adventure Rafting (Ubud | Tel. 0361 7 47 36 55 | www.bali-day-trip.com)* oder *Sobek Bali Utama (Ubud/Kuta | Tel. 061 28 70 59 | www.balisobek.com)*.

SEGELN

Vom modernen Hochseekatamaran bis zum traditionellen Bugis-Schoner: Zahlreiche Veranstalter bieten unterschiedlichste Segeltörns. Die Fahrten dauern von einem Tag bis zu einer Woche, meist geht es dabei von Bali aus in den Osten. Tagesausflüge führen nach Nusa Lembongan, längere Törns weiter nach Lombok, Komodo und Flores *(z. B. mit Condor Sailing | Hotel Uyah Amed | Tel. 0363 2 34 62 | www.ameddivecenter.com/sailing-bali* oder *Sea Trek | Sanur | Tel. 0361 27 06 04 | www.seatrekbali.com)*. Mehr Angebote unter *www.balicruises.com*. Für kleinere Segelabenteuer kann man sich bei einigen Hotels Laser- oder Hobie-Cats leihen, z. B. beim Grand Hyatt in Sanur oder Four Seasons in Jimbaran.

SURFEN

Die Zahl der Surfer auf Bali und Lombok hat in den letzten Jahren stark zugenommen: Beide Inseln sind Traumziele für Wellenreiter. An den Stränden von Kuta bis Canggu rollt die Brandung gleichmäßig heran – ideal auch für Anfänger. Die riesigen Wellen an Balis Südwestzipfel sind etwas für Könner, z. B. Padang-Padang, Bingin und Uluwatu.

Die Strände in Lomboks Süden gelten noch als Geheimtipp: vor allem Mawi, Gerupuk und – für absolute Könner –

Die Brandung im Süden Lomboks fordert auch Könner heraus

SPORT & AKTIVITÄTEN

Desert Point an der Südwestspitze der Insel. Surfunterricht, Brettverleih und organisierte Touren gibt es auf Bali bei *Ripcurl School of Surf (Kuta | Tel. 0361 73 58 58 | www.ripcurlschoolofsurf.com)* oder *Padang Padang Surf Camp (Pecatu | Bukit Badung | Tel. 0819 99 28 35 49 | www.balisurfingcamp.com)*, auf Lombok bei *Kimen Surf (Jl. Raya Kuta-Mawun | Kuta | Tel. 0370 65 50 64 | www.kuta-lombok.net)*.

TAUCHEN & SCHNORCHELN

Bekannte Tauch- und Schnorchelspots auf Bali sind Pulau Menjangan und Nusa Penida sowie das von Korallen überwachsene Schiffswrack vor der Ostküste. Als Tauch- und Schnorchelparadies gelten die Gilis. Die Riffe dort sind wegen der schwachen Strömung wie geschaffen für Anfänger. In der Bucht von Sekotong im Südwesten findet sich eines der besten Tauchgebiete Lomboks.

Deutschsprachige Kurse bieten auf Bali *Water Worx Dive Center (Padang Bai | Tel. 0363 4 12 20 | www.tauchen-bali.com)* und *Tauch-Terminal Bali (Jimbaran/Tulamben | Tel. 0361 77 45 04 | www.tauch-terminal.com)*, auf Lombok und den Gilis *Dream Divers (Senggigi/Gili Trawangan/Gili Air | Tel. 0370 69 37 38 | www.dreamdivers.com)* und vor allem im Süden **INSIDER TIPP** *Divezone (Senggigi | Tel. 0813 39 54 49 98 | www.divezone-lombok.com)*.

TREKKING & WANDERN

Der Höhepunkt für Bergsteiger ist die mindestens dreitägige Tour auf den *Gunung Rinjani* auf Lombok. Auch der *Gunung Agung* auf Bali ist für viele eine Herausforderung. Weniger anspruchsvoll, aber ebenso beeindruckend ist die Halbtagestour auf den *Gunung Batur*. Keine dieser Touren sollten Sie ohne Führer angehen!

Touren organisieren z. B. *Bali Sunrise Trekking (Tel. 0818 55 26 69 | www.balisunrisetours.com)* oder *Rinjani National Park (Senaru/Mataram | Tel. 0370 6 60 88 74 | www.rinjaninationalpark.com)*. Die Schweizer Hilfsorganisation 🌱 *Zukunft für Kinder (Tel. 0813 37 38 50 65 | www.zukunft-fuer-kinder.ch)* veranstaltet Trekkingtouren in den Norden des Gunung Batur, um dort Dorfprojekte zu unterstützen.

WELLNESS

Ob traditionelle balinesische Massage, Shiatsu oder Reflexologie: Mindestens ein Wellnesstag gehört zum Bali-Urlaub dazu. Für ca. 50 000 Rp. gibt es einstündige Massagen am Strand – doch lohnt es sich, mehr auszugeben, um sich in einem Spa von geschulten Masseuren behandeln zu lassen und anschließend in einem Whirlpool zu entspannen. Spas gibt es auf Bali an jeder Ecke und in fast jedem Hotel, auf Lombok hauptsächlich in großen Hotels. Eine Auswahl findet sich unter *www.balispaguide.com*.

YOGA

Bali hat sich in den letzten zehn Jahren zu einem Yogazentrum entwickelt: In vielen Hotels gehören Yogakurse zum festen Programm (z. B. *Kumara Sakti* in *Ubud | www.kumarasakti.com; Samyoga* in *Lovina | www.samyogabali.com*). Im März/April findet das *Bali Spirit Festival (www.balispiritfestival.com)* in Ubud statt, das Teilnehmer aus aller Welt anlockt. Auf Lombok kommt die Yogawelle etwas verzögert an, Kurse beschränken sich auf größere Hotels. Auch auf den Gilis gibt es Yogakurse *(www.giliyoga.com; www.h2oyogaandmeditation.com)*.

MIT KINDERN UNTERWEGS

Vor allem Bali ist ein gutes Reiseziel für Kinder. Die gut erschlossenen Badestrände und die exotische Kultur bieten Spaß und Abwechslung: schnorcheln, den Strand entdecken, exotische Tiere hautnah erleben oder balinesische Tänze und Kunsthandwerk lernen. Auf Lombok und den Gilis können Familien mit größeren Kindern gut Aktivurlaub machen.

Als Vorsichtsmaßnahme sollten Sie bei Reisen mit Kindern Medikamente gegen Durchfall, Fieber und Erkältung sowie Desinfektionsmittel einpacken. Selbst kleine Wunden entzünden sich in den Tropen schnell und müssen sofort gereinigt werden. Wegen der starken Sonneneinstrahlung sollten Kinder immer gut eingecremt sein, einen Kopfschutz tragen und viel trinken. Außerdem sollten Sie intensiv auf Mückenschutz achten, um Denguefieber und Malaria zu vermeiden (vor allem auf Lombok und den Gilis): Benutzen Sie regelmäßig Anti-Moskito-Lotion und schlafen Sie unter Moskitonetzen. In der Dämmerung müssen Arme, Beine und Füße bedeckt sein. Für einen Urlaub mit Kindern am besten geeignet sind auf Bali *Amed*, *Nusa Dua*, *Sanur* sowie *Ubud*. Sehr beliebt bei Familien ist auch *Gili Air*. Weitere Infos finden Sie auf www.baliforkids.com, www.baliparents.com und www.baliforfamilies.com.

BUBBLEMAKER-KURSE

Schnorchel- und Tauchkurse zum Ausprobieren für Kinder ab acht Jahren im Pool, ab zehn Jahren im offenen Meer gibt es bei verschiedenen Anbietern, z. B. ab 30 Euro beim *Tauch-Terminal Bali (Jl. Danau Tamblingan X/31 | Taman Griya | Jimbaran | www.tauch-terminal.com (134 C5) (ⓜ H7))* oder ab 25 Euro bei der *Deutschen Tauchschule, Paradise Diving Indonesia (Jl. Arjuna 6 A | Legian (134 C4) (ⓜ H7) und Jl. Silayukti 9 B | Padang Bai | www.divingbali.de (132 C6) (ⓜ M5))*.

ELEPHANT SAFARI PARK
(135 D2) (ⓜ J5)

In Balis berühmtem Elefantenpark kann man auf den Dickhäutern durch den Dschungel reiten und ihnen beim Baden oder gar Malen zusehen. Eine Ausstellung zeigt Wissenswertes über Elefanten sowie Südostasiens einziges Mammutskelett. Der Erlös kommt dem Erhalt der vom Aussterben bedrohten Sumatra-Elefanten zugute. Übernachtung in der *Park Lodge (25. Zi. | Tel. 0361 8 98 88 88 | www.elephantsafariparklodge.com | €€€)*

Im Regenwald herumklettern, auf Elefanten reiten, die Unterwasserwelt erforschen – für Kinder gibt es auf den Inseln viel zu erleben

möglich. *Tgl. 8–18 Uhr | Jl. Elephant Safari Park Taro | Taro (20 Min. nördl. von Ubud) | Eintritt 65 US-$, Kinder 44 US-$, Ritt 86 US-$, Kinder 58 US-$ (Rabatt für Familien) | www.baliadventuretours.com*

INSIDER TIPP DEN REGENWALD ENTDECKEN (131 D5) (*H4*)

Die *Sarinbuana Eco-Lodge* organisiert nach Voranmeldung über die Website für Familien Ausflüge in Plantagen und den Regenwald: Dabei gibt es jede Menge über exotische Pflanzen und Tiere zu lernen sowie natürliche Badeplätze und idyllische Tempel zu entdecken. Außerdem dürfen Kinder bei der Fütterung der zahlreichen Tiere helfen oder sich als Balinesen verkleiden. *Mount Batukaru | Tabanan | Kosten ab 200 000 Rp., Kinder unter 15 J. gratis | www.baliecolodge.com*

TEMPELTANZ UND KUNSTHANDWERK

Die meisten Kinder sind fasziniert von balinesischen Tänzen und Tempelfesten und würden am liebsten selbst mitmachen. Vor allem in Ubud (135 D2) (*J–K5*) gibt es viele Schnupperkurse, in denen Kinder Gamelan und einfache Tanzschritte lernen können, außerdem Batiken, Schnitzen oder das Anfertigen von Opfergaben. Empfehlenswerte Kinderkurse bieten das *ARMA Museum (Jl. Raya Pengosekan | Ubud | Tel. 0361 97 57 42 | www.armabali.com)*, *Taman Harum Cottages (Jl. Raya Mas | Ubud | Tel. 0361 97 55 67 | www.bali-hotel-taman-harum.com)* oder das INSIDER TIPP *Mekar Bhuana Conservatory (Jl. Gandapura III/501x | Banjar Kesiman Kertalangu | Denpasar (135 D4) (J6) | Tel. 0361 46 42 01 | www.balimusicanddance.com)*.

WATERBOM-PARK (134 C5) (*H7*)

Auf 3,8 ha Spaß für die ganze Familie. Für jedes Alter gibt es das passende Vergnügen, außerdem eine ausgedehnte Poollandschaft, Spa sowie Bars und Cafés. *Tgl. 9–18 Uhr | Jl. Kartika Plaza | Kuta | Eintritt 31 US-$, Kinder bis 12 J. 19 US-$ | www.waterbom-bali.com*

EVENTS, FESTE & MEHR

Ob balinesisches Neujahr, islamisches Opferfest oder Weihnachten: In Indonesien gelten die jeweils wichtigsten Festtage aller staatlich anerkannten Religionen als nationale Feiertage.

NATIONALE FEIERTAGE

1. Jan. christliches Neujahr; **Januar/Februar** *Imlek* (chinesisches Neujahr); **März/April** *Nyepi* (balinesisches Neujahr), Karfreitag; **Mai/Juni** Christi Himmelfahrt, *Waisak* (buddhistisches Neujahr); **17. Aug.** Unabhängigkeitstag; **25. Dez.** Weihnachten

Die *muslimischen Feiertage* richten sich nach dem islamischen Mondkalender, der etwa zehn Tage kürzer ist als unserer. Der Fastenmonat Ramadan endet mit *Idul Fitri (Lebaran)*, dem wichtigsten muslimischen Fest in Indonesien *(2014: 28./29.7., 2015: 17./18.7., 2016: 6./7.7.)*. In der Nacht zuvor gibt es in den islamischen Gemeinden lange Gebete und Fackelumzüge. Da zu diesem Anlass alle Indonesier Ferien haben, sind Flüge und Hotels oft ausgebucht. Weitere nationale Feiertage sind: islamisches Neujahr, ▶ *Maulid Nabi* (Geburtstag des Propheten), ▶ *Isra Mi'raj* (Himmelfahrt des Propheten), ▶ *Idul Adha* (islamisches Opferfest).

BALINESISCHE FESTTAGE

Tempelfeste auf Bali sind farbenfrohe Events mit Prozessionen, Gebeten, Tanz und Musik. Sie richten sich nach dem *Wuku*-Kalender, der nur 210 Tage hat.

▶ ★ ● *Galungan/Kuningan* ist das aufwendigste Tempelfest und der Höhepunkt des balinesischen Jahres *(2014: 21.–31.5. und 17.–27.12., 2015: 15.–25.7, 2016: 10.–20.2. und 7.–17.9.)*. Zehn Tage lang werden rituelle Speisen zubereitet, es gibt überall Tanz, Gamelan, Schattenspiel und Prozessionen.

In der Nacht vor dem balinesischen Neujahrsfest ▶ *Nyepi* werden die bösen Geister mit Trommeln, Gongs und Rasseln vertrieben. Am nächsten Tag wird gefastet und meditiert. Keiner darf das Haus verlassen, der Verkehr steht still – auch der Flugverkehr.

▶ ● *Odalan* ist der Jahrestag eines Tempels, das wichtigste Ereignis in der Gemeinde. Tagsüber wird mit Gebeten und Opfern den Ahnen gehuldigt, nachts gibt es Vorführungen. Wegen der vielen Tempel findet jeden Tag irgendwo auf Bali ein Odalan-Fest statt.

Tradition trifft Moderne: religiöse Feste, balinesische Tempelfeiern, Prozessionen, Fruchtbarkeitsrituale und Kulturfestivals

Zum ▶ *Usaba Sambah Festival* kämpfen im Bali-Aga-Dorf Tenganan junge Männer mit Pandanusblättern gegeneinander, während junge Frauen auf einem hölzernen Riesenrad schaukeln.

SASAK-FESTE

Außer muslimischen Feiertagen begehen die Sasak Feste mit animistischen Traditionen. Zum ▶ *Bau Nyale* kommen sie bei Vollmond im Februar/März an die Strände in Lomboks Süden, um zwischen den Korallen Nyale-Würmer zu fangen. Dieses Fruchtbarkeitsritual gilt als Heiratsbörse für junge Leute.

Der ▶ ● *Perang Topat* („Krieg der Reispäckchen") ereignet sich nach Beginn der Regenzeit (meist Dez.) in der Tempelanlage Pura Lingsar. Sasak und Hindus bewerfen sich mit in Palmblätter gewickelten Reis, der anschließend vergraben wird, um für eine gute Ernte zu sorgen.

▶ *Perisean*-Wettkämpfe finden im August in Mataram und Narmada statt. Je zwei Gegner kämpfen mit Rattanstock und Bambusschild. Wer zuerst blutet, hat verloren.

ANDERE EVENTS

MÄRZ/APRIL
Zum ▶ *Bali Spirit Festival* treffen sich in Ubud Yoga- und Meditationsfans.

JUNI/JULI
▶ *Bali Art Festival:* Einen Monat lang zeigen in Denpasar die besten Künstler Balis ihr Können. *www.baliartfestival.com*

AUGUST BIS NOVEMBER
Bei den ▶ *Wasserbüffelrennen* in Jembrana im Westen Balis geht es um Schnelligkeit, Haltung und Rennstil.

OKTOBER
▶ INSIDER TIPP *Ubud Writers & Readers Festival:* Schriftsteller kürten diesen Event zu einem der schönsten Literaturfestivals. *www.ubudwritersfestival.com*

ICH WAR SCHON DA!

Vier User aus der MARCO POLO Community verraten ihre Lieblingsplätze und ihre schönsten Erlebnisse

KOCHKURS IM HOTEL TUGU

Im *Hotel Tugu* auf Lombok werden in schöner Atmosphäre von einheimischen Köchen indonesische Kochkurse angeboten. Hier lernt man von den Einheimischen tolle Gerichte und bekommt Profitipps, wie das Nachkochen der scharfen Gerichte und die Herstellung einzigartiger Würzpasten auch zu Hause gelingen. Im Anschluss wird gemeinsam am Strand bei Kerzenschein und Aussicht aufs Meer gegessen und geplaudert. **Daniela1979 aus Bad Godesberg**

BLAHMANTUNG-WASSERFALL BEI PUPUAN

Fernab des Tourismus befindet sich der wohl unbekannteste Wasserfall von Bali, der *Blahmantung-Wasserfall* bei Pupuan. Ein stiller Ort inmitten einer atemberaubenden Naturlandschaft, den Sie auf einem kleinen Trampelpfad bergab rechts vom Parkplatz des Orts Munduk erreichen. **MundukReisende1979 aus Berlin**

GIANYAR-NACHTMARKT

Etwa 12 km von Ubud entfernt liegt der kleine Ort *Gianyar*. Hier findet ein *Nachtmarkt* in einer einzigartigen Atmosphäre statt. Einheimische Händler bieten die verschiedensten Waren an. Lohnenswert ist es auch, an einem der zahlreichen Stände ein original balinesisches Essen zu sich zu nehmen, *ayam panggang* oder *babi guling* sind besonders zu empfehlen. **Dani aus Köln**

LOMBOK GOLF KOSAIDO COUNTRY CLUB

Auf diesem Golfplatz genießt man eine einzigartige Naturskyline mit dem Gunung Rinjani und befindet sich hier inmitten einer beeindruckenden Kulisse. Egal ob man hinkommt, um abzuschlagen oder nur um einen Snack zu sich zu nehmen – hier lernt man Lombok von einer anderen Seite kennen. **Reisetante102 aus Bonn**

Haben auch Sie etwas Besonderes erlebt oder einen Lieblingsplatz gefunden, den nicht jeder kennt? Gehen Sie einfach auf www.marcopolo.de/mein-tipp

Für den Inhalt der Community-Seite übernimmt die MARCO POLO Redaktion keine Verantwortung.

EIGENE NOTIZEN

LINKS, BLOGS, APPS & MORE

LINKS

▶ www.marcopolo.de/bali-lombok-gilis Alles auf einen Blick zu Ihrem Reiseziel: interaktive Karten inklusive Planungsfunktion, Impressionen aus der Community, aktuelle News und Angebote …

▶ beatmag.com/bali Den angesagtesten Nachtclub, das trendigste Bio-Menü und viele News über internationale Prominenz auf Bali finden Sie hier

▶ www.jed.or.id Das Netzwerk für ökologischen Dorftourismus bietet Urlaub bei Familien in vier traditionellen Dörfern auf Bali

▶ www.traumziel-bali.de Geschichte, Sehenswürdigkeiten, Wellnessangebote – die Website hält viele Tipps für die Planung Ihres Bali-Urlaubs parat

▶ giliecotrust.com Strandsäuberungen, Korallen- und Schildkrötenprojekte der Umweltorganisation warten auf Unterstützung

BLOGS

▶ janetdeneefe.com Restaurantbesitzerin Janet de Neefe hat nicht nur das Ubud Writers and Readers Festival gegründet, sondern schreibt auch Kolumnen über die balinesische Küche, die viel über das kulturelle Leben Balis verraten

▶ www.bogbogcartoon.com/bogler-gallery Das Comic-Magazin „Bog Bog" dokumentiert seit mehr als zehn Jahren auf humorvolle Weise den Zusammenstoß der Kulturen auf Bali

▶ www.strangerinparadise.com Der australische Journalist und Gartenarchitekt Michael White inszeniert sich selbst als Karikatur des plumpen Touristen – und gewährt dabei unterhaltsame Einblicke ins gesellschaftliche Leben Balis

▶ www.kutalombok.net Landschaftsbilder von Lombok und den Gilis zeigt der indonesische Fotograf Fadil Basymeleh

Egal, ob Sie sich auf Ihre Reise vorbereiten oder vor Ort sind: Mit diesen Adressen finden Sie noch mehr Informationen, Videos und Netzwerke, die Ihren Urlaub bereichern. Da manche Adressen extrem lang sind, führt Sie der kürzere short.travel-Code direkt auf die beschriebenen Websites

VIDEOS

▶ short.travel/bal1 „Wallfahrt zur Götterinsel" – diese Folge der Dokuserie Terra X berichtet über das alljährliche Opferfest in Besakih am Fuß des Gunung Agung

▶ short.travel/bal2 Trailer zum Dokumentarfilm „Cowboys in Paradise" des Singapurer Regisseurs Amit Virmani, der sich mit der Darstellung männlicher Prostitution auf Bali bei den indonesischen Behörden unbeliebt gemacht hat

▶ short.travel/bal3 Der achtminütige Film zeigt die faszinierende Unterwasserwelt der Gilis

▶ short.travel/bal4 Einen Eindruck von klassischem balinesischem Tanz und Musik gibt der Auftritt der Tänzerin Ni Made Pujawati

APPS

▶ Bali Map Navigations-App zum Gratis-Download mit Hinweisen zu Sehenswürdigkeiten, Cafés, Hotels und weiteren nützlichen Adressen

▶ Urbanesia Bali Hier berichten und bewerten Reisende ihre Erlebnisse auf Bali, mit vielen Anekdoten und Fotos. Gratis, geeignet für Android-Geräte

▶ Bali with Kids Hilfreiche App für Eltern mit Tipps zu familienfreundlichen Hotels und kindertauglichen Aktivitäten

NETWORK

▶ www.zukunft-fuer-kinder.ch Die Schweizer Hilfsorganisation unterstützt arme Bergdörfer im trockenen Nordosten Balis und setzt sich für deren gesundheitliche Versorgung und wirtschaftliche Entwicklung ein

▶ friendsofgreenschool.org Die „Freunde" der internationalen Green School helfen Neuankömmlingen mit vielen wichtigen Tipps zum (Über-)Leben auf Bali, die auch für Urlauber interessant sind

▶ short.travel/bal5 Deutschsprachiges Board, auf dem ehemalige Indonesienreisende Erfahrungen austauschen und zukünftige spezifische Fragen zur geplanten Reise stellen können, mit Unterforen zu Bali und Lombok

PRAKTISCHE HINWEISE

ANREISE

Der internationale Flughafen Ngurah Rai bei Denpasar wird von vielen internationalen Fluggesellschaften angeflogen, meist mit einem Zwischenstopp in Singapur oder Kuala Lumpur. Von beiden Städten gibt es auch Flüge nach Lombok: *Silk Air (www.silkair.com)* startet in Singapur, *Air Asia (www.airasia.com)* in Kuala Lumpur. Der Flug von Europa dauert zwischen 14 und 20 Stunden, je nach Route und Anzahl der Zwischenlandungen.
Von Denpasar aus dauert der Flug nach Lombok 25 Minuten: *Garuda Indonesia (www.garuda-indonesia.com)*, *Lion Air (www.lionair.co.id)* und *Merpati (www.merpati.co.id)* fliegen täglich, Tickets ab 25 Euro. Von Jakarta aus bedienen mehrere Linien Bali und Lombok, am günstigsten (ab 40 Euro) ist *Air Asia (www.airasia.com)*.

Zwischen allen indonesischen Inseln verkehren Tag und Nacht Fährschiffe. Die Überfahrt (5 Std.) von Padang Bai auf Bali nach Labuhan Lembar im Südwesten Lomboks kostet ca. 3 Euro. Ab 45 Euro kann man Plätze auf einem Schnellboot von Benoa oder Padang Bai auf die Gilis mit Stopp in Teluk Nare im Nordwesten Lomboks *(diverse Anbieter | gili-fastboat.com oder gilifastboats.com)* buchen. Direkt nach Senggigi, Lomboks wichtigstem Tourismusziel, setzt das Schnellboot von *Perama (www.peramatour.com)* über.

Von Jakarta aus fahren mehrmals täglich Busse nach Denpasar *(ca. 1200 km | Fahrzeit 24 Stunden | ab 25 Euro)*, die auf der Autofähre nach Bali übersetzen. Die Busfahrt von Denpasar nach Mataram dauert rund sieben Stunden.

GRÜN & FAIR REISEN

Auf Reisen können auch Sie mit einfachen Mitteln viel bewirken. Behalten Sie nicht nur die CO_2-Bilanz für Hin- und Rückflug im Hinterkopf *(www.atmosfair.de)*, sondern achten und schützen Sie auch nachhaltig Natur und Kultur im Reiseland *(www.gate-tourismus.de; www.zukunft-reisen.de; www.ecotrans.de)*. Gerade als Tourist ist es wichtig, auf Aspekte zu achten wie Naturschutz *(www.nabu.de; www.wwf.de)*, regionale Produkte, Fahrradfahren (statt Autofahren), Wassersparen und vieles mehr. Wenn Sie mehr über ökologischen Tourismus erfahren wollen: europaweit *www.oete.de*; weltweit *www.germanwatch.org*

AUSKUNFT

BOTSCHAFT DER REPUBLIK INDONESIEN
– Lehrter Str. 16–17 | 10557 Berlin | Tel. 030 47 80 70 | botschaft-indonesien.de
– Gustav-Tschermak-Gasse 5–7 | 1180 Wien | Tel. 01 47 62 30 | www.kbriwina.at
– Elfenauweg 51 | 3006 Bern | Tel. 031 3 52 09 83 | www.indonesia-bern.org

BALI TOURISM BOARD
Jl. Raya Puputan 41 | Renon | Denpasar | Bali 80235 | Tel. 0361 23 56 00 | www.balitourismboard.de

Von Anreise bis Zoll

Urlaub von Anfang bis Ende: die wichtigsten Adressen und Informationen für Ihre Reise nach Bali, Lombok und auf die Gilis

AUTO

In Indonesien gilt Linksverkehr. Der Verkehr auf Bali und Lombok ist chaotisch, die Straßen sind nicht besonders gut, vor allem in der Regenzeit. Die Gilis sind autofrei. Wer sich als Urlauber hinters Steuer wagt, sollte Folgendes verinnerlichen: Vorfahrt hat, wer sie sich nimmt. Wer hupt, will überholen, der Einsatz der Lichthupe heißt „Ich fahre zuerst". Winken mit Fingerspitzen nach unten und Handrücken nach vorn bedeutet: „Komm her". Beim Ein- und Ausparken helfen meist selbst ernannte „Parkwächter", die ein paar Rupiah verlangen.

DIPLOMATISCHE VERTRETUNGEN

DEUTSCHES HONORARKONSULAT
Jl. Pantai Karang 17 | Batujimbar | Sanur | Tel. 0361 3 28 85 35 | bali-ntb.com | Mo–Fr 8.30–12.30 Uhr

SCHWEIZER HONORARKONSULAT
Kompleks Istana Kuta Galleria, Blok Valet 2 | Jl. Patih Jelantik 12 | Kuta | Tel. 0361 75 17 35 | bali@honrep.ch
Das eidgenössische Konsulat ist auch für Österreicher zuständig.

EINREISE

Für einen Aufenthalt bis zu 30 Tagen erhalten Deutsche, Österreicher und Schweizer ein *visa on arrival*, das bei der Ankunft gegen 25 US-$ in bar erteilt wird. Der Reisepass muss bei der Einreise noch mindestens sechs Monate gültig sein. Im Flugzeug füllen Sie ein Formular *(arrival card)* aus, von dem ein Teil *(departure card)* bis zur Ausreise im Pass bleibt. Das Touristenvisum kann einmal um 30 Tage verlängert werden. Wer länger bleiben will, muss zuvor ein Visum bei der indonesischen Botschaft beantragen.

FLUGHAFENSTEUER

Für internationale Flüge zahlen Sie nach dem Einchecken eine Flughafensteuer

WAS KOSTET WIE VIEL?

Kaffee	1,20 Euro *für eine Tasse*
Nasi Goreng	2,50 Euro *für eine Portion*
Benzin	0,37 Euro *für eine Liter*
Auto mit Chauffeur	45 Euro *Miete für einen Tag*
Tauchkurs	55 Euro *für einen Schnupperkurs*
Massage	10 Euro *für eine Stunde*

von 150 000 Rp. Die Gebühr für nationale Flüge beträgt 30 000–40 000 Rp. Laut Regierung sollen die Zusatzgebühren in Zukunft abgeschafft werden.

FOTOGRAFIEREN

Indonesier sind in der Regel nicht kamerascheu, dennoch sollten Sie immer fragen, bevor Sie filmen oder fotografieren. Zurückhaltung ist vor allem in Tempeln und Moscheen geboten, bitten Sie vorher um Erlaubnis und richten Sie die

Kamera nie auf das Gesicht eines Geistlichen. An Sehenswürdigkeiten wird für die Benutzung einer Kamera oft eine Extragebühr erhoben.

Das günstigste Verkehrsmittel auf Lombok ist der Pferdewagen *(cidomo)*

GELD & GELDWECHSEL

Die indonesische Währung ist die Rupiah (Rp). Es gibt Münzen zu 100, 200, 500 und 1000 Rp. sowie Scheine zu 1000, 2000, 5000, 10 000, 20 000, 50 000 und 100 000 Rp. Wegen der großen Wertschwankungen berechnen viele Hotels und Veranstalter ihre Preise in US-$ oder Euro. Dort kann man sowohl in diesen Währungen zahlen als auch fast immer in Rupiah zum jeweiligen Tageskurs, was allerdings oft einen Verlust bedeutet. Die Öffnungszeiten der Banken sind Mo–Do von 8.30 bis 14 Uhr, Fr 8.30–11.30 Uhr. Moneychanger haben von 8 bis 20 Uhr geöffnet und bieten oft bessere Kurse als Banken (Vorsicht vor Betrügern, vergleichen Sie immer die offiziellen Raten!). In größeren Orten gibt es Geldautomaten (ATM), an denen Sie mit EC- oder Kreditkarte und PIN-Nummer Geld abheben können. Größere Hotels und Läden akzeptieren auch Kreditkarten. Reiseschecks sind dagegen meist nur mit Verlust einzulösen.

GESUNDHEIT

Impfungen gegen Diphtherie, Hepatitis A, Polio, Tetanus und Typhus werden empfohlen. Medikamente gegen Malaria sollten Sie dabeihaben, vor allem bei Reisen auf Lombok und die Gilis. Außerdem sollten Sie eine Auslandskrankenversicherung mit Rücktransport abschließen. Meiden Sie Leitungswasser, und essen Sie Eis und Obst nur in besseren Restaurants.

Auf Bali haben viele große Hotels auch einen Arzt. Für Ausländer empfohlene Kliniken auf Bali sind: BIMC Hospital Bali *(Jl. Bypass Ngurah Rai No. 100X | Kuta | Tel. 0361 76 12 63 | www.bimcbali.com)* und *International SOS Medical Clinic (Jl. Bypass Ngurah Rai 505X | Kuta | Tel. 0361 71 05 05 | www.sos-bali.com)*. Die beste Klinik auf Lombok ist das *Rumah Sakit Harapan Keluarga (Jl. Ahmad Yani 9 | Selagalas | Mataram | Tel. 0370 6 17 70 00 | harapankeluarga.co.id)*. Bei schweren Erkrankungen ist es besser, nach Singapur auszufliegen. Medikamente erhalten Sie in Apotheken *(apotik)* oder Drogerien *(drugstore, toko obat)*.

INTERNET

Bali: *www.dein-bali.de, bali-inside.de, www.balispirit.com, blog.baliwww.com, hiddenbali.blogspot.com, visitubud.com, www.balivillas.com;* Lombok: *www.gotolombok.com, www.thelombokguide.*

PRAKTISCHE HINWEISE

com, www.lombok-network.com, visiting lombok.blogspot.com; Gilis: www.gili-blog.com, www.gili-paradise.com.

INTERNETCAFÉS & WLAN

Die meisten Hotels und Restaurants auf Bali, Lombok und den Gilis bieten einen gebührenfreien WLAN-Zugang, in abgelegenen Orten ist die Verbindung allerdings oft schlecht. In allen Touristenorten gibt es Internetcafés. USB-Modems für Laptops gibt es z. B. von Smart oder Telkomsel (ab 400 000 Rp. für 100 Std. in 30 Tagen).

KLEIDUNG

Knappe Kleidung ist auf keiner der Inseln angebracht. Das gilt auch für Männer, vor allem bei offiziellen Anlässen wie Behördenbesuchen. In Tempeln müssen stets Knie und Schultern bedeckt sein, Wickelröcke und Schärpen kann man sich gegen eine Spende oder Gebühr am Eingang leihen, wenn man nicht selbst ein Tuch dabeihat. Dünne Baumwollkleidung mit langen Ärmeln und Beinen ist zudem der beste Schutz gegen Sonnenbrand und Mückenstiche. Und selbst wenn sich in Kuta Touristinnen oben ohne sonnen: Nacktbaden ist in Indonesien verboten.

KLIMA & REISEZEIT

Die beste Reisezeit ist in der Trockenzeit von Mai bis Oktober. In der Regenzeit von November bis April regnet es zwar selten durchgehend, aber die heftigen Tropenschauer führen oft zu Überschwemmungen im Landesinneren und schränken die Aktivitäten ein. Die Temperatur bewegt sich das ganze Jahr über um 30 Grad, wobei es in den Bergen deutlich kühler werden kann.

MIETFAHRZEUGE

Überall auf Bali sowie in Senggigi (Lombok) können Sie Mopeds *(ab 4 Euro/Tag)* und Autos *(ab 25 Euro/Tag)* leihen, dazu reicht die Vorlage eines internationalen

WÄHRUNGSRECHNER

€	IDR	IDR	€
1	12 875	1000	0,07
3	36 624	5000	0,38
5	64 374	12 000	0,93
13	167 372	30 000	2,32
40	514 989	80 000	6,18
75	965 605	150 000	11,59
120	1 544 970	240 000	18,53
250	3 218 680	600 000	46,32
500	6 437 370	1 000 000	77,21

Führerscheins. Obwohl man in Indonesien offiziell ab 17 Auto fahren darf, verleihen manche Anbieter ihre Fahrzeuge erst ab einem Mindestalter von 21 Jahren. Ein Auto mit ortskundigem Chauffeur (45 Euro/Tag) macht die Fahrt erholsamer. Achtung: Für Mopedfahrer besteht Helmpflicht!

NOTRUF

Ambulanz: *Tel. 118*
Feuerwehr: *Tel. 113*
Polizei: *Tel. 110*, Polizeistation Kuta (Bali): *Tel. 0361 75 15 98*, Polizeistation Mataram (Lombok): *Tel. 0370 62 23 73*

ÖFFENTLICHE VERKEHRSMITTEL

An jeder Straßenecke bieten Fahrer ihre Dienste an, der Preis ist Verhandlungssache. Auch Hotels vermitteln Transportmöglichkeiten, jedoch oft mit Aufschlag.

Günstiger sind private Shuttlebusse, z. B. Perama Tours (*www.peramatour.com*, Tickets einen Tag zuvor bei einer Reiseagentur kaufen), die nach festen Fahrplänen verkehren. Die Einheimischen fahren lieber für wenige Cent mit den lokalen Kleinbussen *(bemo, colt)* – ein Erlebnis für alle, die sich nicht vor Enge und neugierigen Fragen scheuen. Im Süden Balis hat das Touristentransportgeschäft leider fast alle Kleinbusse verdrängt. In den größeren Orten kann man Taxis bestellen *(Blue Bird Bali: Tel. 0361 70 16 21, Blue Bird Lombok: Tel. 0370 62 70 00)*. Auf Lombok und den Gilis gibt es *cidomos* und *dokars* (einspännige Pferdewagen), die sich für kürzere Strecken eignen. Auf den Gilis sind die Preise für *cidomos* festgelegt und nur in Ausnahmefällen verhandelbar.

POST

Jeder größere Ort hat ein Postamt *(kantor pos, Mo–Do 8–16, Fr 8–11, Sa 8–12.30 Uhr)*. Häufig kann man Post auch in den Hotels abgeben. Luftpost *(pos udara)* ist ein bis zwei Wochen nach Europa unterwegs. Eine Postkarte kostet 7500 Rp., ein Standardbrief 15 000 Rp.

SICHERHEIT

Am gefährlichsten auf Bali und Lombok ist der Verkehr. Sie können sich ohne Be-

WETTER IN DENPASAR

	Jan.	Feb.	März	April	Mai	Juni	Juli	Aug.	Sept.	Okt.	Nov.	Dez.
Tagestemperaturen in °C	30	30	30	31	31	30	30	31	31	32	32	30
Nachttemperaturen in °C	22	23	23	23	23	23	22	22	22	23	23	23
Sonnenschein Stunden/Tag	8	10	10	10	9	9	9	10	11	10	10	10
Niederschlag Tage/Monat	12	10	7	4	3	3	3	3	2	3	5	10
Wassertemperaturen in °C	28	28	28	29	28	28	27	27	27	27	28	29

PRAKTISCHE HINWEISE

denken überall bewegen, auch nachts. Allein reisende Frauen sollten jedoch auf verbale Anmache gefasst sein. Kleinkriminalität gibt es vor allem in den Touristenorten: Tragen Sie deshalb nur das Wichtigste bei sich, dazu gehört auch die Kopie des Passes inkl. Visum. Kreditkarten etc. können Sie im Hotel einschließen lassen. Lassen Sie keine Wertsachen unbeaufsichtigt am Strand oder im Auto liegen!

STROM

Die Spannung beträgt 220 Volt. Ein Adapter ist nicht nötig (außer für Schweizer Drei-Pol-Stecker).

TELEFON & HANDY

Die Vorwahl für Telefonate nach Deutschland ist 00149, nach Österreich 00143 und in die Schweiz 00141. Im Festnetz kann man mit der Einwahl 007 vor dem Ländercode günstiger telefonieren. Wer im Hotel kein Telefon hat, kann in ein *wartel* (Telefonladen) gehen. Die Vorwahl von Europa nach Indonesien ist 0062. Bali hat die Vorwahlnummern (0)361 im Süden, (0)362 im Norden, (0)363 im Osten, (0)365 im Westen und für Klungkung (0)366. Lombok und die Gilis erreichen Sie unter (0)370.

Billig mobil telefonieren Sie mit einer indonesischen Prepaidkarte *(ab 2 Euro)*, die Sie an jeder Ecke aufladen können.

TRINKGELD

Im Restaurant sind 10 Prozent angemessen, wenn nicht sowieso eine Servicepauschale verlangt wird – dann einfach das Kleingeld liegen lassen. Ein Fahrer freut sich nach einer Tagestour über 50 000 Rp. extra, einem lokalen Guide an einer Sehenswürdigkeit sollten Sie je nach Zufriedenheit 10 000–20 000 Rp. geben.

UNTERKUNFT

Vom Homestay bis zum Luxushotel gibt es alle Arten von Unterkünften. Homestays und *losmen* (Pensionen) haben oft keine Klimaanlage und nur ein indonesisches Schöpfbad. In kleineren Unterkünften können Sie oft einen Rabatt aushandeln, wenn Sie länger bleiben. Viele der großen Hotels und Villenanlagen bieten erstklassigen Rundumservice, berechnen die Preise aber in US-$. Billiger wird es, wenn Sie rechtzeitig übers Internet buchen. Immer beliebter werden Ferienhäuser mit Pauschalen für Familien oder Gruppen.

ZEIT

Bali, Lombok und die Gilis liegen in der zentralindonesischen Zeitzone (WIT), die der mitteleuropäischen Zeitzone (MEZ) um sieben Stunden voraus ist (MESZ sechs Stunden).

ZOLL

Jede Person darf 1 l Spirituosen sowie 200 Zigaretten oder 100 g Tabak nach Indonesien einführen. Die Einfuhr von Drogen, Schusswaffen und pornografischem Material ist verboten. Elektronische Geräte müssen bei der Ausreise wieder mitgenommen werden. Für über 50 Jahre alte Antiquitäten benötigen Sie eine Exportgenehmigung. Die Ausfuhr von geschützten Tieren oder Pflanzen (dazu gehören auch Korallen!) ist verboten, ebenso deren Einfuhr in Europa. Zollfrei dürfen Sie in die EU pro Person 200 Zigaretten und Waren bis zu einem Gesamtwert von 430 Euro einführen *(www.zoll.de)*.

SPRACHFÜHRER INDONESISCH

AUSSPRACHE

Zur Erleichterung der Aussprache: Im Allgemeinen wird die vorletzte Silbe betont. Die Vokale werden gleich lang ausgesprochen. Doppelvokale **ai, au, oi** im Wortinneren werden getrennt, am Wortende wie im Deutschen ausgesprochen.

c	wie in **tsch**üss
e	in Silben, die nicht Endsilben sind: unbetonte **e**
	am Wortende: betontes **e**
	in Endsilben: geschlossenes kurzes **ä**
j	wie in **Dsch**ungel
ng	wie in I**ng**e
ngg	wie in I**ng**o
ny	wie **nj** z. B. in "nyonya" (Frau), sprich: njonja
sy	wie **sch** z. B. in "syukur" (Gott sei Dank), sprich: schukur

AUF EINEN BLICK

ja/nein/vielleicht	ya/tidak/mungkin
Danke!/Bitte!	Terima kasih!/Tolong! *(um Hilfe bittend)*
	Silakan! *(Angebot/Einladung)*
	Sama-sama! *(keine Ursache)*
Entschuldige/Entschuldigen Sie!	Maaf!
Darf ich ...?	Boleh ...?
Wie bitte?	Bagaimana?
Ich möchte .../Haben Sie ...?	Saya mau .../Apa ada ...?
Wie viel kostet ...?	Berapa harga ...?
Das gefällt mir (nicht).	Saya (tidak) suka.
gut/schlecht	baik/jelek
kaputt/funktioniert nicht	rusak/tidak jalan
zu viel/viel/wenig	terlalu banyak/banyak/sedikit
Hilfe!/Achtung!/Vorsicht!	Tolong!/Awas!/Hati-hati!
Krankenwagen/Polizei/Feuerwehr	ambulans/polisi/pemadam kebakaran
Verbot/verboten/Gefahr/gefährlich	larangan/dilarang/bahaya/berbahaya
Darf ich Sie/hier fotografieren?	Apa saya boleh memotret Anda/di sini?

BEGRÜSSUNG UND ABSCHIED

Gute(n) Morgen/Tag!	Selamat pagi *(bis 11 Uhr)*/siang *(11–15 Uhr)*
Abend!/Nacht!	sore *(15–18 Uhr)*/malam *(ab 18 Uhr)*!

Kamu berbicara bahasa Indonesia?

„Sprichst du Indonesisch?" Dieser Sprachführer hilft Ihnen, die wichtigsten Wörter und Sätze auf Indonesisch zu sagen

Hallo!/Auf Wiedersehen!	Halo!/Sampai jumpa!
Tschüss!	Dada!
Ich heiße ...	Nama saya ...
Wie heißen Sie?/Wie heißt du?	Siapa nama Anda?/Siapa nama kamu?
Ich komme aus ...	Saya dari ...

DATUMS- UND ZEITANGABEN

Montag/Dienstag	Senen/Selasa
Mittwoch/Donnerstag	Rabu/Kamis
Freitag/Samstag	Jumat/Sabtu
Sonntag/Werktag/Feiertag	Minggu/hari kerja/hari raya
heute/morgen/gestern	hari ini/besok/kemarin
Stunde/Minute	jam/menit
Tag/Nacht/Woche	hari/malam/minggu
Monat/Jahr	bulan/tahun
Wie viel Uhr ist es?	Jam berapa?
Es ist drei Uhr.	Jam tiga.
Es ist halb vier.	Jam setengah empat.
Viertel vor vier	Jam empat kurang seperempat
Viertel nach vier	Jam empat lewat seperempat

UNTERWEGS

offen/geschlossen	buka/tutup
Abreise/Ankunft	keberangkatan/kedatangan
Toiletten/Damen/Herren	kamar kecil/wanita/pria
(kein) Trinkwasser	(bukan) air minum
Wo ist ...?/Wo sind ...?	Di mana ...?
links/rechts/geradeaus/zurück	kiri/kanan/terus/kembali
nah/weit	dekat/jauh
Bus/Kleinbus/Taxi	bis/bemo/taxi
Haltestelle/Taxistand	haltebis/pangkalan taxi
Stadtplan/(Land-)Karte	peta
Bahnhof/Hafen	stasiun/pelabuhan
Flughafen	bandara/airport
Ich möchte ... mieten.	Saya mau ... sewa.
ein Auto/ein Fahrrad	mobil/sepeda
ein Boot	kapal
Tankstelle	pompa bensin
Benzin/Diesel	bensin/solar
Panne/Werkstatt	kendaraan rusak/bengkel

ESSEN UND TRINKEN

Reservieren Sie uns bitte für heute Abend einen Tisch für vier Personen.	Tolong reservasi satu meja untuk empat orang nanti malam.
Die Speisekarte, bitte.	Minta menu.
Könnte ich bitte ... haben?	Apa saya tolong bisa mendapat ...?
Flasche/Glas	botol/gelas
Messer/Gabel/Löffel	pisau/garpu/sendok
mit/ohne Eis/Kohlensäure	pakai/tanpa es/gas
Vegetarier(in)/Allergie	vegetaris/alergi
Ich möchte zahlen, bitte.	Saya mau bayar.
Rechnung/Quittung/Trinkgeld	bon/kwitansi/tip, uang rokok

EINKAUFEN

Wo finde ich ...?	Di mana ada ...?
Ich möchte .../Ich suche ...	Saya mau .../Saya cari ...
Brennen Sie Fotos auf CD?	Apa Anda bisa membakar foto di CD?
Apotheke/Drogerie	apotik/toko obat
Bäckerei/Markt	toko roti/pasar
Einkaufszentrum/Kaufhaus	pusat pembalanjaan/mall
Lebensmittelgeschäft	toko bahan makanan
Supermarkt	supermarket
Fotoartikel/Zeitungsladen	toko foto/kios koran
Kiosk	warung/kios
100 Gramm/1 Kilo	seratus gram/satu kilo
teuer/billig/Preis	mahal/murah/harga
mehr/weniger	lebih banyak/lebih sedikit
aus biologischem Anbau	organik

ÜBERNACHTEN

Ich habe ein Zimmer reserviert.	Saya sudah reservasi kamar.
Haben Sie noch ...?	Apa masih ada ...?
Einzelzimmer	kamar untuk satu orang
Doppelzimmer	kamar untuk dua orang
Frühstück/Halbpension	sarapan/makan pagi dan malam
Vollpension	tiga kali makan
nach vorne/zum Meer	menghadap kedepan/menghadap laut
zum See	menghadap danau
Dusche/Bad/Balkon/Terrasse	shower/mandi/balkon/teras

BANKEN UND GELD

Bank/Geldautomat/Geheimzahl	bank/ATM/pin
Ich möchte ... Euro wechseln.	Saya mau menukar ... Euro.

SPRACHFÜHRER

bar/ec-Karte/Kreditkarte	tunai/kartu EC/kartu kredit
Wechselgeld	uang kembalian

GESUNDHEIT

Arzt/Zahnarzt/Kinderarzt	dokter/dokter gigi/dokter anak-anak
Krankenhaus/Notfallpraxis	rumah sakit/bantuan medis darurat
Fieber/Schmerzen	demam/rasa sakit
Durchfall/Übelkeit/Sonnenbrand	menceret/mual/terbakar matahari
entzündet/verletzt	inflamasi/luka
Pflaster/Verband	plaster/perban
Salbe/Creme	salep/krim
Schmerzmittel/Tablette/Zäpfchen	obat anti-nyeri/tablet/uvula/pil taruh

TELEKOMMUNIKATION & MEDIEN

Briefmarke/Brief/Postkarte	perangko/surat/kartu pos
Ich suche eine Prepaidkarte für mein Handy.	Saya cari kartu prabayar untuk HP.
Brauche ich eine spezielle Vorwahl?	Apa saya perlu kode khusus?
Steckdose/Adapter/Ladegerät	stopkontak/adaptor/charger
Computer/Batterie/Akku	komputer/baterai/aki
At-Zeichen („Klammeraffe")	at
Internetadresse (URL)/E-Mail-Adresse	alamat internet/alamat email
Internetanschluss/WLAN	akses internet/WiFi
E-Mail/Datei/ausdrucken	email/file/cetak

FREIZEIT, SPORT UND STRAND

Strand	pantai
Sonnenschirm/Liegestuhl	payung/kursi malas
Ebbe/Flut/Strömung	air surut/air pasang/arus

ZAHLEN

0	nol/kosong	11	sebelas
1	satu	12	dua belas
2	dua	80	delapan puluh
3	tiga	90	sembilan puluh
4	empat	100	seratus
5	lima	200	dua ratus
6	enam	1000	seribu
7	tujuh	2000	dua ribu
8	delapan	10000	sepuluh ribu
9	sembilan	1/2	setengah
10	sepuluh	1/4	seperempat

REISEATLAS

Die grüne Linie ━━━ zeichnet den Verlauf der Ausflüge & Touren nach
Die blaue Linie ━━━ zeichnet den Verlauf der Perfekten Route nach

**Der Gesamtverlauf aller Touren ist auch in
der herausnehmbaren Faltkarte eingetragen**

Bild: Gunung Agung

Unterwegs auf Bali/Lombok/Gilis

Die Seiteneinteilung für den Reiseatlas finden Sie auf dem hinteren Umschlag dieses Reiseführers

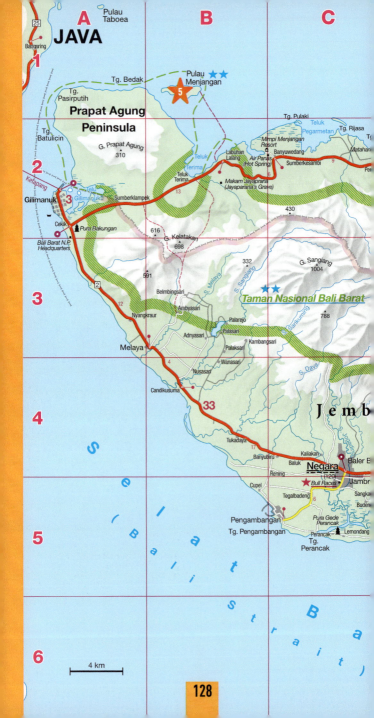

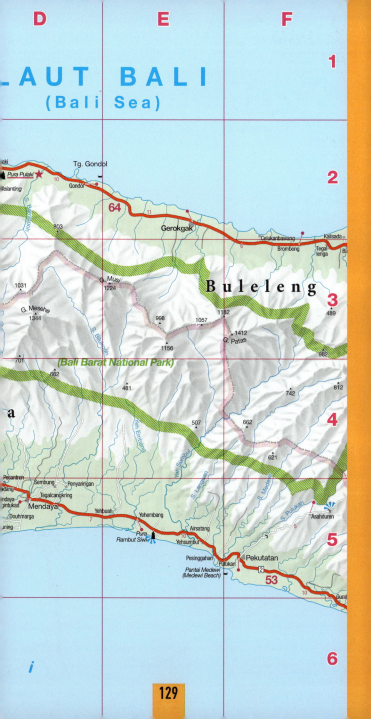

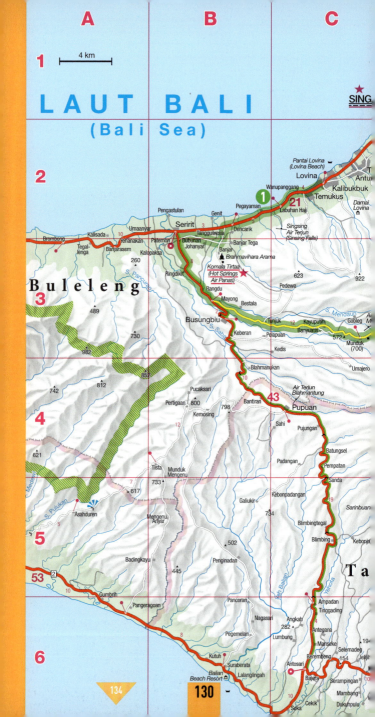

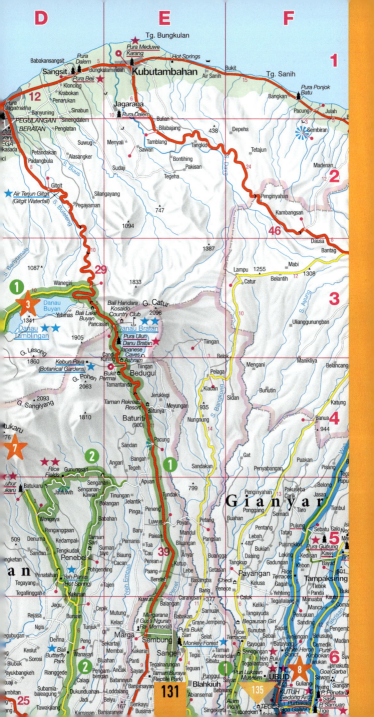

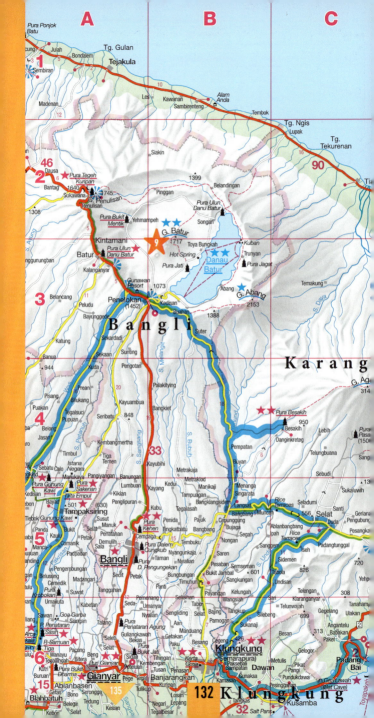

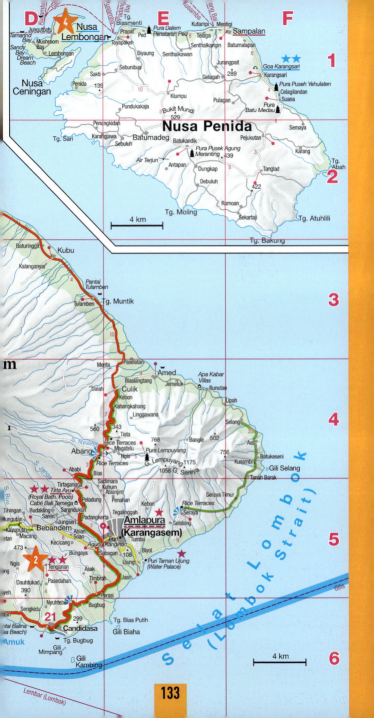

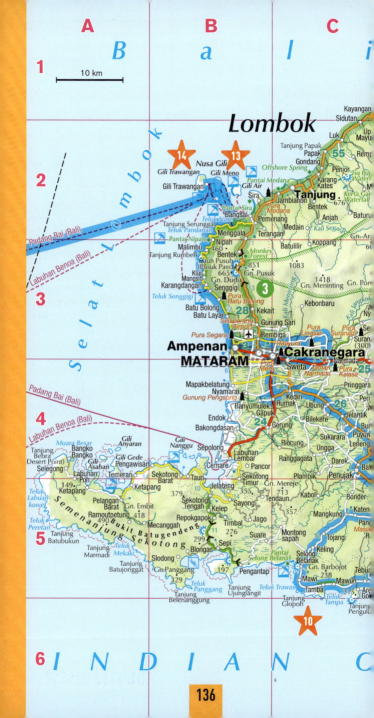

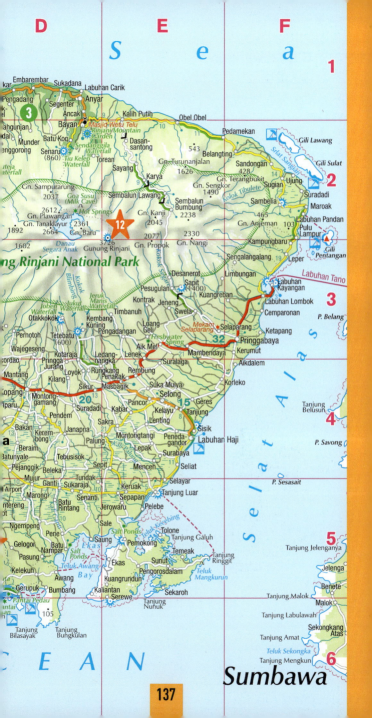

KARTENLEGENDE

▬▬	Straße mit zwei getrennten Fahrbahnen	Dual carriage-way
▬▬	Durchgangsstraße	Thoroughfare
▬▬	Wichtige Hauptstraße	Important main road
▬▬	Hauptstraße	Main road
▬▬	Sonstige Straße	Other road
▬▬	Fahrweg, Piste	Carriage way, track
▬▬	Karrenweg, Fußweg	Mule-track, footpath
▬▬	Straßen in Bau	Roads under construction
♀ 49 ♀	Großkilometer	Long distances in km
↙ 10 ↘	Kleinkilometer	Short distances in km
▬▬	Fernverkehrsbahn	Main line railway
▬•	Autofähre	Car ferry
▬▬	Schifffahrtslinie	Shipping route
≈≈≈	Sumpf	Swamp
∣∣∣∣	Mangrove	Mangrove
ᔐᔐ	Korallenriff	Coral reef
▬▬	Landschaftlich besonders schöne Strecke	Route with beautiful scenery
◄ 15%	Bedeutende Steigungen	Important gradients
DENPASAR	Verwaltungssitz	Administrative capital
✈	Verkehrsflughafen	Airport
⊕	Flugplatz	Airfield

★★	**UBUD**	
★	**Krambitan**	
★★	*Danau Bratan*	
★	*Kebun Paya*	

Kultur
Culture

★★ Eine Reise wert / Worth a journey

★ Lohnt einen Umweg / Worth a detour

Landschaft
Landscape

★★ Eine Reise wert / Worth a journey

★ Lohnt einen Umweg / Worth a detour

☼ ψ	Besonders schöner Ausblick	Important panoramic view
▨	Nationalpark, Naturpark	National park, nature park
4807 ▲	Bergspitze mit Höhenangabe in Metern	Mountain summit with height in metres
(630)	Ortshöhe	Elevation
▲	Kloster, Tempel, Heiligtum (buddhistisch)	Monastery, temple, shrine (Buddhist)
▲	Tempel, Heiligtum (hinduistisch)	Temple, shrine
♪	Schloss, Burg	Palace, castle
ı	Denkmal	Monument
∕	Wasserfall	Waterfall
∩	Höhle	Cave
∴	Ruinenstätte	Ruins
•	Sonstiges Objekt	Other object
⚑	Golfplatz	Golf-course
△	Jugendherberge	Youth hostel
🏖	Badestrand	Bathing beach
🤿	Tauchen	Diving
▬▬	**Ausflüge & Touren**	**Trips & Tours**
▬▬	**Perfekte Route**	**Perfect route**
★ 1	**MARCO POLO Highlight**	**MARCO POLO Highlight**

FÜR DIE NÄCHSTE REISE ...

ALLE **MARCO POLO** REISEFÜHRER

DEUTSCHLAND

Allgäu
Bayerischer Wald
Berlin
Bodensee
Chiemgau/
  Berchtesgadener
  Land
Dresden/
  Sächsische
  Schweiz
Düsseldorf
Eifel
Erzgebirge/
  Vogtland
Föhr/Amrum
Franken
Frankfurt
Hamburg
Harz
Heidelberg
Köln
Lausitz/
  Spreewald/
  Zittauer Gebirge
Leipzig
Lüneburger Heide/
  Wendland
Mecklenburgische
  Seenplatte
Mosel
München
Nordseeküste
  Schleswig-
  Holstein
Oberbayern
Ostfriesische Inseln
Ostfriesland/
  Nordseeküste
  Niedersachsen/
  Helgoland
Ostseeküste
  Mecklenburg-
  Vorpommern
Ostseeküste
  Schleswig-
  Holstein
Pfalz
Potsdam
Rheingau/
  Wiesbaden
Rügen/Hiddensee/
  Stralsund
Ruhrgebiet
Sauerland
Schwarzwald
Stuttgart
Sylt
Thüringen
Usedom
Weimar

ÖSTERREICH SCHWEIZ

Berner Oberland/
  Bern
Kärnten
Österreich
Salzburger Land
Schweiz
Steiermark
Tessin
Tirol
Wien
Zürich

FRANKREICH

Bretagne
Burgund
Côte d'Azur/
  Monaco
Elsass
Frankreich
Französische
  Atlantikküste
Korsika
Languedoc-
  Roussillon
Loire-Tal
Nizza/Antibes/
  Cannes/Monaco
Normandie
Paris
Provence

ITALIEN MALTA

Apulien
Dolomiten
Elba/Toskanischer
  Archipel
Emilia-Romagna
Florenz
Gardasee
Golf von Neapel
Ischia
Italien
Italienische Adria
Italien Nord
Italien Süd
Kalabrien
Ligurien/Cinque
  Terre
Mailand/
  Lombardei
Malta/Gozo
Oberital. Seen
Piemont/Turin
Rom
Sardinien
Sizilien/Liparische
  Inseln
Südtirol
Toskana
Umbrien
Venedig
Venetien/Friaul

SPANIEN PORTUGAL

Algarve
Andalusien
Barcelona
Baskenland/
  Bilbao
Costa Blanca
Costa Brava
Costa del Sol/
  Granada
Fuerteventura
Gran Canaria
Ibiza/Formentera
Jakobsweg/
  Spanien
La Gomera/
  El Hierro
Lanzarote
La Palma
Lissabon
Madeira
Madrid
Mallorca
Menorca
Portugal
Spanien
Teneriffa

NORDEUROPA

Bornholm
Dänemark
Finnland
Island
Kopenhagen
Norwegen
Oslo
Schweden
Stockholm
Südschweden

WESTEUROPA BENELUX

Amsterdam
Brüssel
Cornwall und
  Südengland
Dublin
Edinburgh
England
Flandern
Irland
Kanalinseln
London
Luxemburg
Niederlande
Niederländische
  Küste
Schottland

OSTEUROPA

Baltikum
Budapest
Danzig
Krakau
Masurische Seen
Moskau
Plattensee
Polen
Polnische
  Ostseeküste/
  Danzig
Prag
Slowakei
St. Petersburg
Tallinn
Tschechien
Ukraine
Ungarn
Warschau

SÜDOSTEUROPA

Bulgarien
Bulgarische
  Schwarzmeer-
  küste
Kroatische Küste/
  Dalmatien
Kroatische Küste/
  Istrien/Kvarner
Montenegro
Rumänien
Slowenien

GRIECHENLAND TÜRKEI ZYPERN

Athen
Chalkidiki/
  Thessaloniki
Griechenland
  Festland
Griechische Inseln/
  Ägäis
Istanbul
Korfu
Kos
Kreta
Peloponnes
Rhodos
Samos
Santorin
Türkei
Türkische Südküste
Türkische Westküste
Zákinthos/Itháki/
  Kefaloniá/Léfkas
Zypern

NORDAMERIKA

Alaska
Chicago und
  die Großen Seen
Florida
Hawai´i
Kalifornien
Kanada
Kanada Ost
Kanada West
Las Vegas
Los Angeles
New York
San Francisco
USA
USA Ost
USA Südstaaten/
  New Orleans
USA Südwest
USA West
Washington D.C.

MITTEL- UND SÜDAMERIKA

Argentinien
Brasilien
Chile
Costa Rica
Dominikanische
  Republik
Jamaika
Karibik/
  Große Antillen
Karibik/
  Kleine Antillen
Kuba
Mexiko
Peru/Bolivien
Venezuela
Yucatán

AFRIKA UND VORDERER ORIENT

Ägypten
Djerba/
  Südtunesien
Dubai
Israel
Jordanien
Kapstadt/
  Wine Lands/
  Garden Route
Kapverdische
  Inseln
Kenia
Marokko
Namibia
Rotes Meer/Sinai
Südafrika
Tansania/
  Sansibar
Tunesien
Vereinigte
  Arabische
  Emirate

ASIEN

Bali/Lombok/Gilis
Bangkok
China
Hongkong/Macau
Indien
Indien/Der Süden
Japan
Kambodscha
Ko Samui/
  Ko Phangan
Krabi/Ko Phi Phi/
  Ko Lanta
Malaysia
Nepal
Peking
Philippinen
Phuket
Shanghai
Singapur
Sri Lanka
Thailand
Tokio
Vietnam

INDISCHER OZEAN UND PAZIFIK

Australien
Malediven
Mauritius
Neuseeland
Seychellen

REGISTER

In diesem Register sind alle in diesem Reiseführer erwähnten Orte, Sehenswürdigkeiten und Ausflugsziele aufgeführt. Gefettete Seitenzahlen verweisen auf den Haupteintrag.

BALI

Agung Rai Museum of Art (ARMA), Ubud **66**, 70, 109
Amed **34**, 36, 106, 108
Amlapura 36
Anturan 48
Arts Center, Denpasar 42
Bale Kembang, Klungkung 55
Bali Bird Park 64
Bali Museum, Denpasar 43
Bali Safari & Marine Park 61
Bali Treetop Adventure Park 50
Banjar 49, 100
Banyualit 49
Banyupoh 56
Batubelig 62
Batubulan 64, 69
Benoa **61**, 92, 116
Besakih 41, 115
Bibliothek Gedong Kirtya, Singaraja 51
Blahmantung-Wasserfall 112
Blanco Museum, The, Ubud 66
Botanischer Garten, Candikuning 50
Brahmavihara Arama 49, 100
Bukit-Halbinsel 34, **37**, 47, 107
Bunutan 34, 35, 36
Butterfly Park, Tabanan 66
Campuan 66, 68
Candidasa 40
Candikuning **50**, 98
Canggu 17, 62, 63, 64, 106
Celuk 28, 69
Danau Batur 72
Danau Bratan **50**, 64, 98, 101
Danau Buyan **50**, 64, 98, 99, 101
Danau Tamblingan **50**, 64, 98, 99, 101
Denpasar 13, 22, **42**, 61, 71, 109, 111, 116, 120
Desa Cempaga 49
Desa Pejarakan 56
Elephant Safari Park 108
Galerien, Ubud 67
Gianyar 61, 112
Gitgit-Wasserfall 51
Goa Gajah 30, 71
Goa Karangsari 53
Goa Lawah 54
Gunung Agung 11, 23, 30, 33, 37, **41**, 51, 69, 106, 107, 115
Gunung Batukaru **64**, 99, 100, 101
Gunung Batur 30, 69, **72**, 107
Gunung Kawi 30, **72**
Jagaraga 51
Jatiluwih 64, **101**
Jembrana 111
Jemeluk 34, 35, 36
Jimbaran 14, 37, 38, 39, 106, 107, 108
Jungutbatu 51, 52
Kaliasem 48
Kalibukbuk 48, 49
Kedisan 72
Kemasan 29
Kerobakan 62
Kerobokan 62, 64
Kerta Gosa, Klungkung 30, **55**
Klungkung 21, 22, 30, **54**
Kuta 14, 16, 30, 33, **44**, 58, 61, 106, 107, 109, 117, 118, 119
Legian 30, **44**, 46, 62, 63, 71, 108
Lembongan 51, 52
Lipah 34
Lovina 34, **48**, 100, 107
Mas 28, 69
Medewi 65
Mengwi 65, 100
Monkey Forest 67
Munduk 50
Munduk-Wasserfall 51, 98, **99**
Museum Buleleng, Singaraja 51
Museum Gedung Arca Museum Arkeologi, Pejeng 73
Museum Le Mayeur, Sanur 58
Museum Pasifika, Nusa Dua 37
Negara 65
Neka Art Museum, Ubud 67
Nusa Ceningan 51, 52, **53**
Nusa Dua 17, 34, 37, 38, **104**, 108
Nusa Lembongan **51**, 61, 106
Nusa Penida 51, 52, **53**, 107
Nyoman Gunarsa Museum, Klungkung 55
Nyuhkunin 17
Padang Bai 30, 52, **53**, 92, 107, 108, 116
Padang-Padang 30, 38, 106
Pecatu 38, 39
Pejaten 29
Pejeng 30, 73
Peliatan 69
Pemuteran 34, **55**
Penelokan 30, 72
Penestanan 21, 69
Petitenget 17, 62, 63
Pulau Menjangan **57**, 58, 107
Pulau Serangan 61
Pupuan 112
Puputan-Platz, Denpasar 43
Pura Agung Pulaki 57
Pura Batukaru 23
Pura Besakih 23, 30, 33, **41**
Pura Dalem, Jagaraga 51
Pura Dalem Penataran Ped, Nusa Penida 53
Pura Dalem, Sangsit 51
Pura Gili Kencana, Pulau Menjangan 57
Pura Goa Lawah 23
Pura Jagatnatha, Denpasar 43
Pura Kebo Edan, Pejeng 73
Pura Lempuyang Luhur 23
Pura Luhur Batukaru 64, 100, 101
Pura Luhur Uluwatu 23, 30, **38**
Pura Pasar Agung 41
Pura Penataran Agung 41
Pura Penataran Sasih, Pejeng 73
Pura Pusering Jagat, Pejeng 23, 73
Pura Sakenan, Pulau Serangan 61
Pura Taman Ayun, Mengwi 65, 100
Pura Tanah Lot **65**, 100, 102, 104, 105
Pura Ulun Danu Batur 72
Pura Ulun Danu Bratan 50, 98, 99
Puri Agung, Amlapura 36
Puri Agung, Singaraja 51
Puri Gede, Amlapura 36
Puri Lukisan, Ubud 30, **67**
Puri Saren (Ubud Palace) 67
Sampalan 53
Sangsit 51
Sanur 16, 18, 28, 42, 51, **58**, 104, 106, 108, 117
Selang 34, 36
Semarajaya (Museum), Klungkung 55
Seminyak 14, 16, 17, 30, 34, 42, 44, 47, **61**, 71, 100, 105
Sindhu 58
Singaraja 42, **51**
Subak-Museum, Tabanan 66, 101
Sukawati 28
Suluban 30, 38
Tabanan **66**, 101, 109
Takmung 55
Taman Gili, Klungkung 55
Taman Nasional Bali Barat 58
Taman Wedhi Budaya 42
Tampaksiring 30
Tanjung Benoa 37, 38, 39, 61
Taro 109
Tebesaya 66
Tenganan 29, 41, 111
Tirta Empul 30, 73
Tirtagangga 32, 36
Toyapakeh 53
Trunyan 72
Tuban 44, 46, 47
Tulamben 35
Ubud 11, 21, 28, 30, 34, **66**, 98, 104, 105, 106, 107, 108, 109, 111, 112
Ubud Palace 67
Ujung 36, 37
Ujung-Wasserpalast 36
Uluwatu 17, 39, 106
Waterbom-Park 46, **109**
Westbali-Nationalpark 58
Yeh Pulu 73

GILIS

Gili Air 90, 91, **92**, 107, 108
Gili Asahan 83
Gili Gede 83
Gili Meno 15, 31, 90, 91, **94**
Gili Nanggu 83
Gili Selang 35
Gili Trawangan 15, 31, 90, 91, 92, **95**, 107

LOMBOK

Air Terjun Kerta Gangga (Wasserfall) 89
Ampenan 79, 80, 86
Awang 79
Bangko-Bangko 83
Bangsal 31, 92, 103
Banyumulek 29, 31, **89**
Bayan **84**, 103
Belaka 28
Cakranegara 79, 80
Dusun Senaru 85
Ekas Bay 31, **79**
Gunung Baru 85
Gunung Pengsong 89
Gunung Rinjani 15, 69, 74, 81, 82, 83, 84, **85**, 87, 103, 107, 112
Gunung Sari 102
Joben-Wasserfall 82
Jukut-Wasserfall 82

IMPRESSUM

Kuta 15, 31, **76**, 107
Labuhan Lembar 116
Lingsar 81
Loyok 28, 83
Mangsit 88
Masbagik 29
Mataram 75, **79**, 107, 111, 116, 118, 119
Mawun 77, 78
Mayura-Wasserpalast, Mataram 79
Museum Nusa Tenggara Barat, Mataram 80
Narmada 111

Pelangan 83
Pura Batu Bolong 86
Pura Kalasa, Taman Narmada 82
Pura Lingsar 31, **81**, 111
Pura Meru, Mataram 80
Pura Suranadi 82
Pusuk-Pass 102
Rambitan 31, 77, **79**
Rinjani-Nationalpark 84, **85**
Sade 31, 77, **79**
Segara Anak 85
Segenter 85, 103
Sekotong 15, 83, 107
Senaru **83**, 103

Senggigi 31, 76, 80, **86**, 92, 102, 104, 105, 107, 116, 119
Sindanggila-Wasserfall **86**, 102
Sukarara 31, **89**
Suranadi 28, 82
Sweta 79, 80
Taman Narmada 31, 82
Teluk Mekaki 83
Teluk Nare 31, 87, 116
Tetebatu 82
Tiu-Kelep-Wasserfall 86
Tiu-Pupus-Wasserfall 89

SCHREIBEN SIE UNS!

SMS-Hotline: 0163 6 39 50 20

Egal, was Ihnen Tolles im Urlaub begegnet oder Ihnen auf der Seele brennt, lassen Sie es uns wissen! Ob Lob, Kritik oder Ihr ganz persönlicher Tipp – die MARCO POLO Redaktion freut sich auf Ihre Infos.

Wir setzen alles dran, Ihnen möglichst aktuelle Informationen mit auf die Reise zu geben. Dennoch schleichen sich manchmal Fehler ein – trotz gründ-

E-Mail: info@marcopolo.de

licher Recherche unserer Autoren/innen. Sie haben sicherlich Verständnis, dass der Verlag dafür keine Haftung übernehmen kann. Kontaktieren Sie uns per SMS, E-Mail oder Post!

MARCO POLO Redaktion
MAIRDUMONT
Postfach 31 51
73751 Ostfildern

IMPRESSUM
Titelbild: Reisfelder bei Petulu (Laif: Hub)
Fotos: Anantara Hotels, Resorts & Spas (17 o.); BALI Stand UP Paddle (16 u.); Oka Diputra (16 M.); DuMont Bildarchiv: Raupach, Schwarzbach (42); R. Dusik (20, 43, 76, 118); Huber: Picture Finders (18/19); © iStockphoto.com: webphotographeer (16 o.); laif: hemis.fr (2 M. o., 7, 82, 85), Hub (1 o.); Laif/hemis.fr: Seux (106); H. Mielke (53); mauritius images: Alamy (Klappe l., Klappe r., 2 M. u., 2 u., 3 o., 4, 10/11, 32/33, 49, 56, 60, 63, 74/75, 78, 81, 86, 90/91, 92, 95, 96, 97, 100/101, 102, 114 o., 114 u., 126/127), ib (J. W. Alker) (9), Kugler (111), Vidler (88); C. Schieber (15); C. Schott (1 u.); sks: S. Scappin (17 u.); O. Stadler (2 o., 3 M., 5, 6, 8, 12/13, 22, 24/25, 26 l., 26 r., 27, 28, 28/29, 30 l., 30 r., 34, 37, 41, 59, 65, 68, 70, 73, 98/99, 110/111); T. Stankiewicz (55); M. Thomas (45, 46, 50, 67, 72, 108/109, 109, 110, 115); White Star: Reichelt (3 u., 29, 39, 104/105, 108)

9. Auflage 2014
Komplett überarbeitet und neu gestaltet
© MAIRDUMONT GmbH & Co. KG, Ostfildern
Chefredaktion: Marion Zorn
Autorin: Christina Schott, Redaktion: Ulrike Frühwald
Verlagsredaktion: Ann-Katrin Kutzner, Nikolai Michaelis
Bildredaktion: Gabriele Forst
Im Trend: wunder media, München
Kartografie Reiseatlas: © MAIRDUMONT, Ostfildern; Kartografie Faltkarte: © MAIRDUMONT, Ostfildern
Innengestaltung: milchhof:atelier, Berlin; Titel, S. 1, Titel Faltkarte: factor product münchen
Sprachführer: in Zusammenarbeit mit Ernst Klett Sprachen GmbH, Stuttgart, Redaktion PONS Wörterbücher
Das Werk einschließlich aller seiner Teile ist urheberrechtlich geschützt. Jede urheberrechtsrelevante Verwertung ist ohne Zustimmung des Verlags unzulässig und strafbar. Das gilt insbesondere für Vervielfältigungen, Übersetzungen, Nachahmungen, Mikroverfilmungen und die Einspeicherung und Verarbeitung in elektronischen Systemen.
Printed in Germany. Gedruckt auf 100% chlorfrei gebleichtem Papier

BLOSS NICHT

Besonderheiten, über die Sie informiert sein sollten

BILLIGEN ALKOHOL TRINKEN

Vorsicht bei auffällig billigen Cocktails und Spirituosen: Oft werden sie mit selbst gebranntem Palm- oder Reisschnaps gemixt, der unprofessionell hergestellt oder mit giftigen Zusatzmitteln gepanscht ist. In den vergangenen Jahren gab es immer wieder Fälle von Methanolvergiftungen, die zum Tod führen können.

DROGEN KAUFEN

Haschisch, Ecstasy oder Zauberpilze werden in Touristenzentren an jeder Ecke angeboten. Auf keinen Fall sollten Sie sich auf solche Deals einlassen! Der Besitz von Drogen wird hart bestraft. Bei besonders schweren Vergehen droht sogar ein Todesurteil. Dabei werden auch für Ausländer keine Ausnahmen gemacht.

FÜSSE HOCHLEGEN

Füße gelten als unrein und sollten in der Öffentlichkeit nicht hochgelegt werden. Aus demselben Grund sollten Sie im Tempel auch nicht auf Mauern oder Statuen klettern.

AUF KORALLENBÄNKE TRETEN

Wer auf Korallenbänken herumtrampelt, zerstört nicht nur deren empfindliches Ökosystem, sondern läuft auch Gefahr, sich die Füße an den scharfen Gewächsen aufzuschneiden. Außerdem gibt es giftige Korallenbewohner, die man nicht berühren sollte.

IN HEILIGEN QUELLEN BADEN

Wer eine heilige Quelle entweiht, indem er darin badet, zieht nicht nur den Zorn der Götter auf sich, sondern muss auch für die Kosten der spirituellen Reinigung aufkommen, die danach fällig wird.

SCHILDKRÖTEN ESSEN

Obwohl offiziell nur noch zu speziellen Anlässen erlaubt, bieten manche Händler Eier, Fleisch und Schildpatt von Meeresschildkröten an. Auf keinen Fall sollten Sie die vom Aussterben bedrohten Tiere essen! Dasselbe gilt für Haifischflossen, die den Tieren bei lebendigem Leib abgeschnitten werden.

TEMPELZEREMONIEN STÖREN

Touristen sind bei den meisten Zeremonien willkommen, solange sie sich gebührend verhalten: einen *sarong* mit Schärpe tragen, nicht vor den Betenden herumlaufen, niemals höher als der Priester sitzen und niemandem die Kamera direkt ins Gesicht halten.

UNGEDULDIG WERDEN

Wer beim Warten oder Verhandeln die Geduld verliert und wütend herumschreit, erreicht gar nichts. Mit einem freundlichen Lächeln kommt man in der Regel sehr viel weiter. Auf Bestechungen sollte man – wenn es sich irgendwie vermeiden lässt – besser verzichten.